나의 첫 질문

국어공부
어떻게 해야 할까요?

【프롤로그】

중국 송나라시대 정치가이고 당송팔대가인 구양수는 글을 잘 짓는 방법을 3다(多)라고 했습니다.
① 다독(多讀) : 많이 읽다
② 다작(多作) : 많이 쓰다
③ 다상량(多商量) : 많이 생각하다
즉 책을 많이 읽다보면 어휘력이 풍부해져 생각의 폭이 넓어지고, 또한 생각이 깊어지고, 자연히 하고 싶은 말이 많아지게 되면서 보여주고 싶은 글을 잘 짓게 된다는 것입니다.
이 말은 "국어공부 어떻게 해야 할까요?" 질문에 대한 답변과 맞먹는 말입니다.
미래의 약속은 어휘력·문해력·문장력입니다.

[1] 국어공부 어떻게 해야 할까요?

초등학생들에게 국어공부는 만만하기도 하면서 어렵기도 한 과목이다.
초등 국어에서는 읽기, 쓰기, 듣기, 말하기를 중심으로 문학과 문법을 공부한다. 또한 1학년부터 6학년까지 다양한 종류의 글을 어떻게 읽어야 할지를 가르치고 있다. 이를 통해 어휘력과 문해력, 발표력 등 학습의 기본적인 틀을 만들고 평생의 언어용 능력을 키운다. 국어공부가 중요한 이유다. 국어는 모든 과목의 기초가 된다. 그래서 국어공부를 못하는 아이는 어휘력과 문해력, 발표력이 부족한 결과이기 때문에 다른 과목도 잘할 수가 없다.
국어 교육과정은 읽기, 쓰기, 듣기, 말하기를 바탕으로 문학, 문법 영역으로 구분되어 있다. 하지만 실제로 아이들이 이렇게 세분화 된 영역에 대해서 알기는 어렵다. 물론 선생님은 수업시간에 무엇을 배워야 하는지 수업목표에 대해서 일러주지만 영역과 관련지어 궁극적으로 아이들이 도달해야 할 목표가 무엇이고 어디까지인지 알기는 어려운 일이다. 이것은 초등학생, 중학생, 고등학생까지 국어공부를 하는 학생들이면 비슷하지 않을까 싶다. 학창시절 국어공부가 힘들었고, 수능에서도 언어영역 때문에 애를 먹었던 경험이 있을 것이다.
사실, 국어과목은 배울 것이 많고 실제로 교육과정에서도 가장 많은 시간을 할애하고 있다. 그렇다고 아이들에게 국어를 좋아하느냐고 물어보면 그렇다고 대답하는 아이들이 별로 없다. 그도 그럴 것이 수학은 계산을 통해서 정답이 정확하게 도출되고, 통합교과는 움직임 활동이나 조직활동이 주가 되기 때문에 나름대로 배우는 즐거움이나 자기 만족이 있지만, 국어는 이 두 가지 모두가 불분명하고 거기에 학기초부터 일기, 독서감상문 등 숙제까지 내주니 아이들의 입장에서는 무엇을 배우고 있는지 공부를 어떻게 해야 하는지 뚜렷한 방향이 보이지 않고, 지루하고 답답하게만 느껴지는 과목이다.
여기서 짚고 넘어가야 할 부분은 1968년 국어교과서(문교부 발행)부터 2002년국어교과서 (서울대학교 국어교육연구소 발행)까지 초등학교, 중학교, 고등학교 국정도서 국어교과서의 차례를 살펴보면 논설문, 설명문, 기행문, 생활문, 편지글, 일기, 동시, 동화, 희곡, 관찰기록문, 독서감상문, 웅변연설문 등으로 집약되며 여기에 해당 장르의 다양한 지문이 나오고, 그와 관련한 여러가지 활동들이 제시되고 있다. 국어공부의 영역을 포함한 총체적인 맥락, 그리고 어느 정도의 디테일까지 파악할 수 있다.

[2] 국어공부에서 중요한 것은 무엇일까요?

그렇다면 "국어공부에서 중요한 것은 무엇일까요?" 바로 꾸준한 독서를 통한 읽기 능력과 문해력, 어휘력을 갖추어야 하는 것이다.

국어시험은 지문의 내용을 제대로 이해했느냐를 묻는 문제가 대부분이라서 평소 꾸준하게 책을 읽어온 아이들에게는 크게 문제가 되지 않지만, 평소 책을 읽지 않은 아이들에게는 막막하게 다가올 것이다.

게다가 학년이 올라갈수록 지문은 길어지고 깊이는 깊어지기 때문에 국어는 점점 힘든 과목이 되어간다. 그래서 평소 책을 읽을 때는 문학작품 외에도 정보를 전달하는 글, 주장하는 글을 포함한 논설문, 설명문, 기행문, 생활문, 편지글, 일기, 동시, 동화, 희곡, 관찰기록문, 독서감상문, 웅변연설문 등 다양한 글을 접해 보도록 해야 한다. 예를 들어 논설문은 「기미독립선언문」, 「최현배의 겨레의 얼과 말」, 설명문은 「조지훈의 소재와 표현」, 「신일철의 논리적 사고」, 기행문은 「정비석의 산정무한」, 「이은상의 산 찾아 물 따라」, 일기는 「난중일기」, 「안네의 일기」, 희곡은 「유치진의 원술랑」, 「오 헨리의 마지막 한 잎」, 관찰기록문은 「파브르의 곤충기」, 「시턴의 동물기」, 웅변연설문은 「링컨의 게티즈버그 연설」, 「마틴 루터 킹목사의 나에게는 꿈이 있습니다」 등 장르별로 찾아서 읽어 보기를 권한다. 그러면 자연스럽게 개념 정리도 되고, 사실과 의견을 구분하게 되고, 생각이나 느낌을 글로 표현하는 방법도 익히게 된다.

아울러 국어과목에 자신감을 갖기 위해서는 교과서에 실린 지문의 원래 작품을 찾아 읽는 것은 큰 도움이 된다. 교과서에는 글의 일부분만 실리는 경우가 있기 때문에 원래 작품을 찾아 전체를 읽어보면 글을 더욱 풍부하게 제대로 감상할 수 있고, 글의 구성과 앞뒤 상황이 맞춰져 있는 글을 읽을 수 있어 이해의 폭도 넓어진다.

[3] 국어공부를 통해서 다다르고자 하는 궁극의 가치는 문해력과 자기표현입니다.

문해력이 장르별 지문을 해석하여 문제를 푸는 것으로 평가한다면, 자기표현은 논리적인 말하기가 포함된 글쓰기인 논술이다. 아시겠지만 선진국에서는 모든 시험을 우리나라처럼 객관식이 아닌 에세이로 치른다.

솔직히 어떤 과목이든 그 공부의 궁극적인 목표가 무엇인지 생각하는 친구들은 거의 없다. 그저 하기 싫지만 해야만 하는 것이고, 뭐가 됐든 자기자신에게 도움이 된다고 생각하고 있기 때문에 울며 겨자 먹기로 하는 친구들이 대부분 일것이다.

그래서 "국어공부 어떻게 해야 할까요?" 라고 묻는다면 너무도 뻔한 대답일지 모르겠지만 꾸준한 책읽기와 글쓰기연습이라고 말하고 싶다.

우선 책읽기를 통해 전반적인 문해력을 기를 수 있고, 일기쓰기, 독서록쓰기 등 다양한 글쓰기를 통해 표현력을 향상 시킬 수 있을 것이다. 하지만 이 두 가지 모두를 스스로 재미를 느껴 꾸준히 하기에는 어려움이 많을 것이다.

특히 책읽기는 읽기의 재미를 붙일 때까지 적절한 도움과 관심이 필요한 부분이다. 책에 관심을 가질 수 있도록 자주 노출시켜 주고, 저학년들은 스스로 책읽기를 힘들어 한다면 '독서에 흥미를 느낄 때까지' 귀찮더라도 반복해서 자주 읽어주고 새로운 형태의 책을 권해보는 것도 하나의 방법이라고 할 수 있다. 지금은 종이책(Paper book), 전자책(Electronic book), 듣는책(Audio book) 등 여러가지 형태로 책이 출간되기 때문에 아이가 좋아하는 형태의 책을 선택하여 책읽기에 흥미를 가질 수 있도록 하거나, 만일 아이가 종이책을 부담스러워 하면 오디오북과 병행해서 흥미를 갖도록 동기부여를 제공해준다. 예를 들어 종이책을 펼쳐놓고 효과음악이 있는 오디오북을 듣게 함으로써 독서에 호기심을 가질수 있도록 기회를 마련해 주는 것이다. 노력도 재능이다. 누적된 책읽기는 결국 아이에게 용기와 자신감을 불어넣어 줄 것이다. "어떤 책을 읽으면 좋을까요?" 라는 질문에는, 독서의 중심은 책이 아니라 독자인 아이들이다. 어떤 책이 좋은지보다 아이의 관심사는 무엇인지 아이의 성향과 수준을 파악하고, 어휘력은 어떤지 파악하는 것이 우선이다. 그래서 아이가 흥미를 가지고 좋아하는 책을 먼저 읽게하는 것이 좋다. 시험을 위해 어려운 고전을 먼저 접하게 하여 책과 벽을 만들기보다는 지금의 시대를 배경으로 한 현대 작품들을 먼저 읽으면서 책을 통해 위로를 받아보게 하는 것이 좋다. 그러면서 국어교과서를 읽게하는 것도 놓쳐서는 안된다.

국어교과서를 많이 읽어보는 것은 국어공부에 도움이 되는데 여기에도 전략이 있다.
① 학습 목표를 확인한다.
학습 목표는 소단원에서 무엇을 배우는지를 설명하는 안내 글이다. 이것에 유의하며 읽어나가면 문단의 내용을 잘 이해할 수 있고 요약하기도 쉽다.
② 어려운 낱말을 찾아가며 읽는다.
글을 읽어 나가면서 모르는 낱말이 나오면 그냥 지나치지 말고 그 낱말의 뜻을 문맥에 맞게 유추해 가며 읽어야 한다. 현행 국어교과서는 학생들이 이해하기 어려운 단어에 별표를 달아 단락 맨 아래에 그 뜻을 적어놓고 있다.

③ 내용 이해를 요구하는 질문에 답하며 읽는다.
설명 글일 경우 내용의 이해를 돕기 위해 날개 지면을 이용해서 질문을 던지고 있다. 이런 질문이 나올 때마다 그 질문에 답을 찾아가며 읽어야 한다.
④ 글의 내용을 요약해 이야기한다.
글을 다 읽은 후에는 글의 내용을 얼마나 기억하고 있는지 중요한 내용을 간추려 이야기해보도록 한다. 전체 내용을 한 번에 말하는 것이 어렵다면 몇 부분으로 나누어 이야기하는 것도 좋다. 이 과정에서 어떤 내용을 기억하고 있는지 어떤 부분을 놓쳤는지 알 수 있고 요약하며 말할 수 있는 실력도 높아진다.
⑤ 글의 내용을 어느 정도 이해했는지 확인한다.
소단원 읽기가 끝나면 그 단원의 목표를 달성했는지 확인하는 질문이 나온다. 이 부분은 제대로 공부했는지 점검할 수 있는 부분이기도 하다. 만일 모르는 부분이 있다면 다시 앞으로 돌아가 그 내용을 익히도록 한다. 초등학교 국어공부는 하루아침에 성적이 오르는 과목이 아니다. 평소 꾸준한 독서를 통해 어휘력과 문해력을 향상시켜야 한다. 국어공부의 궁극의 가치는 문해력과 자기표현임을 잊어서는 안된다.

[4] 질문의 크기가 삶의 크기를 결정합니다.

"엄마, 자장면이 먹고 싶어요." "그래? 그럼 먹으러 가자." 그렇게 말하는 것은 지난 과거의 교육과정입니다. 현, 교육과정은 이렇게 말해야 합니다.
"우리 대장이 자장면이 먹고 싶구나. 그런데 볶음밥도 있고 짬뽕도 있고 우동도 있는데 왜 자장면이 먹고 싶지?" 이 물음에 아이가 "그냥 먹고 싶어요." 라고 대답했다면 그것 또한 지난 과거 교육과정 스타일입니다. 이제 아이는 "왜?" 라는 엄마의 물음에 구체적으로 또박또박 '자장면이 먹고 싶은 이유'를 말해야 합니다. 그것이 현 교육과정에서 추구하는 가치입니다.
결국 공부의 핵심은 근원을 따져 밝히고 자신의 의견을 논리적으로 진술하는 데 있습니다. 그것이 바로 논술이며, 이 훈련은 어렸을 때부터 꾸준히 길러 주어야 합니다.
우리는 아이들에게 동화책을 읽힙니다. 책을 읽은 아이에게 엄마는 이렇게 묻습니다.
"재미있니?" 아이는 대답합니다. "네." 그걸로 끝입니다.
동화는 우리 아이들에게 꿈과 용기와 올바른 삶의 방식을 가르쳐 줍니다.
그것을 좀더 확실하게 깨우치게 하려면, "재미있니?" 라는 질문만으로는 곤란합니다.
"왜 그랬을까?" "만일에 그 때 주인공이 이렇게 했다면 결과는 어떻게 달라졌을까?"
"잠깐만, 그 방법밖에 없었을까?"
우리 아이들의 호기심을 자극하고 생각을 확장시킬 수 있는 질문을 던져 준 다음에 조리있는 답을 말할 수 있도록 유도해야 합니다. 그리고 그것을 글로 쓰면 '논술'이 되는 것입니다.
 단순히 읽는 것에서 그치는 것이 아니라 내용의 확실한 이해를 바탕으로 생각을 넓혀 갈 수 있도록 해야 합니다. 그래야 우리 아이들의 사고력과 탐구력이 무럭무럭 자랄 것입니다.
그것이 공부의 핵심입니다.

[5] 필사는 정독 중 정독입니다.

조선시대 세종대왕은 '사가독서(賜暇讀書)'라 하여 집현전 젊은 학자들에게 휴가를 주어 독서에 전념하게 하였으며, 같은 책을 100번 읽고 100번 필사하는 '백독백습 독서법'을 통해 스스로를 성장시키며 나라와 백성을 섬길 수 있었습니다.

① 필사는 글을 베껴 쓰는 것을 말합니다.
일일이 책을 보고 한 글자씩 옮겨 적는 것이지요.
왜 일부러 힘들게 글을 베껴 쓰냐고요? 한 글자씩 글을 옮겨 적는 과정은 단순히 빈 종이를 채우는 것 이상의 여러가지 장점이 있기 때문입니다.

② 필사는 글짓는 능력을 키워 줍니다.
필사는 글짓기 능력을 키우는데 가장 효과적인 방법입니다. 글을 잘 짓는 능력은 태어날 때부터 타고나는 것이 아닙니다. 아무리 유능한 작가라고 하더라도 태어날 때부터 글을 잘 짓는 것은 아닙니다. 그들은 우리가 모르는 수많은 시간동안 노력을 했습니다. 그 중 대표적인 것이 다른 사람들이 써놓은 좋은 책을 필사하는 것입니다.

③ 필사는 어휘능력을 키워 줍니다.
우리가 평소 쓰는 단어는 매우 제한적입니다. 적은 양의 단어로 일상생활에서 대화를 하고 살아가는 데에는 아무런 문제가 없습니다. 하지만 글을 쓸 때에는 다릅니다. 다양한 어휘를 활용해야 좋은 글을 완성시킬 수 있습니다. 어휘력 향상에 가장 통합적인 방법이 바로 필사를 하는 것입니다.

④ 필사는 사고력을 높여 줍니다.
'손은 제2의 두뇌' 라고 부를 만큼, 두뇌활동과 밀접한 연관을 맺고 있습니다. 즉 손을 이용한 다양한 활동은 두뇌활동에도 좋은 영향을 주는 것이죠. 공책에 글을 쓰는 동안 우리 뇌는 계속해서 생각을 합니다. 필사는 단순히 글을 옮겨 적는 것 같아 보이지만 고도의 사고활동이 이뤄지는 과정입니다. 문장을 통해서 작가의 생각을 이해하고 더 나아가 자신만의 생각을 형성해 가게 됩니다.

⑤ 필사는 집중력을 높여 줍니다.
필사는 무엇인가에 집중하지 못하고 정서가 불안한 아이들이 반드시 해야 하는 과정입니다. 어려서부터 필사를 즐겨하는 아이들은 차분한 성격으로 사려깊은 행동을 하게 합니다. 느긋하고 여유롭게 앉아서 필사를 하는 것만큼 아이들의 원만한 성격 형성에 도움이 되는 방법은 없습니다.

⑥ 어떤 책을 필사해야 할까요?
필사를 할 때 중요한 전제 조건이 있습니다. 그것은 바로 아무 책이나 필사의 대상으로 삼아서는 안 된다는 것입니다. 책의 종류는 매우 많습니다. 책 중에는 양서라 불리는 좋은 책이 있는가 하면 그렇지 않는 책도 많습니다. 가장 쉬운 선택은 오랫동안 검증받고 사람들에게 사랑받아온 고전을 선택하는 것입니다. 또 외국 작품보다는 우리나라 작품을 선택하는 것이 좋습니다. 아무리 좋은 외국 작품이라도 원서 그 자체를 읽고 이해하기는 어렵습니다. 대개는 번역된 책을 보게 되는데 외국 작품을 번역하다보면 원서 그 자체의 깊이를 느낄 수가 없습니다. 그래서 될 수 있으면 한국 작품을 선택하는 것이 도움이 됩니다.

[6] 서술의 4가지 기본양식

문장을 쓰기 시작할 때에는 어떤 의도, 곧 중심적 목적을 가진다. 이 목적은 단지 서술한다는 차원에서가 아니라, 전달이라는 차원에서 가지게 된다. 필자와 독자의 관계를 의식하고, 어떤 의도, 어떤 목적으로 쓴다는 것이 명백해야 한다.

문장의 의도, 또는 목적은 ① 논증 ② 설명 ③ 묘사 ④ 서사 등 4가지로 나뉜다. 이 4가지 서술의 기본양식은 시, 소설, 희곡, 일기, 감상문, 관찰문, 서간문, 식사문, 설명문, 논설문, 논문 등 서술에 두루 적용되는 기본 방법이다.

(1) 논증(論證, argument)

어떤 명제에 대하여 논거를 제시하는 서술활동이다.

독자의 생각, 태도, 관점, 감정 등을 변화시키고자 한다. 완전히 객관적으로, 또는 비개인적 방법으로 독자가 가지는 논리적 능력에 호소할 수도 있고, 또는 독자의 감정에 호소할 수도 있으나, 어느 경우이건 그 의도는 독자에게 어떤 변화를 일으키고자 하는 것이다. 어떤 주장, 판단, 의견을 제시하고 증명하여 독자를 설득시키려는 의도로 쓰는 것이 논증이다. (논문, 논설문)

(2) 설명(說明, exposition)

주제를 해설하거나 똑똑히 밝히는 서술활동이다.

독자에게 무엇인가를 알리고자 한다. 무엇을 설명하고, 어떤 사상을 독자에게 밝혀주고, 어떤 성격이나 상황을 분석하고, 어떤 말의 뜻을 풀이하며, 어떤 방향을 제시해 주는 것이다. 이러한 의도로 쓰는 것이 설명이다. (설명문)

(3) 묘사(描寫, description)

사물이 지닌 성질, 사물이 우리의 감각에 만들어 주는 인상이 무엇인가를 나타내 주는 서술활동이다.

자기가 보고 듣고 겪은 사물의 인상을 그대로 생생하게 독자로 하여금 상상적으로 체험하게 하고자 한다. 그 대상은 자연의 정경, 도시나 시골의 풍경, 사람의 얼굴 등 삼라만상이 해당된다. 이러한 대상들을 있는 그대로 객관적으로 그려내어 서술하는 것이 묘사이다.
(묘사는 글쓰기의 꽃이다. 글쓰기 능력은 묘사로 평가된다.)

(4) 서사(敍事, narration)

의미있는 행동의 시간적 과정을 서술하는 활동이다.

어떤 사건의 의미 있는 시간적 과정을 표현하고자 한다. 사건은 웅장하거나 평범한 것일 수도 있고, 스포츠 경기나 전쟁, 각종 선거나 들놀이인 경우도 있을 것이다. 어떤 사건이든, 필자는 시간 속의 한 연속과, 경우에 따라서는 한 사건이 다른 사건으로 어떻게 전개되는가 하는 이유를 제시하고자 하는 것이다. 이러한 의도로 서술하는 것이 서사이다.
(소설, 동화, 기행문, 일화, 전기, 실록, 비사, 신문기사)

[7] 반복은 천재를 만들고 신념은 기적을 만듭니다.

어떻게 하면 공부를 효과적으로 할 수 있을까요? 영어를 쉽고 빠르게 배울 순 없을까요?
"뇌가소성을 알면 가능합니다." 어떻게 하면 효과적으로 두뇌를 업그레이드 할 수 있을지
세 가지를 알려 드리겠습니다.
"조디 밀러"라는 3살 여자아이는 심한 발작을 겪었습니다. 병원에서 진료를 받아보니
〈라스무센 뇌염〉이라는 희귀병이었습니다. 왼쪽 뇌에는 심각한 마비가 찾아왔는데요. 알려진
모든 치료법에 실패하자, 의사들은 두뇌의 절반을 제거하는 반구절 제술을 시행했습니다.
시간이 지났습니다. 뇌절반을 없앤, 이 아이는 어떻게 되었을까요?
놀랍게도 몸 왼쪽에 약간의 마비가 있었지만 정상적으로 살아가고 있었습니다.
우리의 신체 부위별 뇌가 정해져 있고, 만약에 이것이 바뀔 수 없다면 불가능한 현상입니다.
인간의 뇌는 완성된 상태가 아닌 미숙한 상태로 태어납니다.
이후, 우리의 두뇌는 주어지는 자극들을 받아들이고 그 필요에 맞게 가장 적합한 형태로
발달합니다. 이것을 '뇌가소성'이라고 합니다.
컴퓨터나 스마트폰과 같은 하드웨어는 위치별로 역할이 정해져 있습니다. 그래서 특정 부위를
없애면 화면이 보이지 않거나 소리가 들리지 않거나 하는 장애가 발생할 것입니다.
하지만 우리의 뇌는 다릅니다. 일부 영역을 제거하여도 끊임없이 새로운 자극을 받아들이고
그에 맞게 뇌의 영역을 재편합니다.
"뇌는 어려운 과제와 목표에 맞게 항상 스스로를 조정한다. 환경의 요구에 맞춰 자원의 형상을
뜨고 필요한 자원이 없을 때는 직접 만든다." 하지만 이런 가소성은 나이를 먹을수록
떨어진다고 합니다. 그럼 어떻게 하면 가소성을 높여서 두뇌를 발달시킬 수 있을까요?
"정답은 바로 우리의 뇌가 그것을 중요하다고 여기게 만들면 됩니다." 중요하다고 여기는 자극이
생기면 우리의 몸은 그것을 수용하는 피질에 아세틸콜린이라는 물질을 분비합니다.
그러면 그 부위는 어린아이처럼 말랑한 가소성을 갖게 됩니다. 그 뜻인 즉, 새로운 정보를 쉽게
받아들인다는 뜻이죠. 그렇다면 어떻게 뇌가 자극을 중요하게 여기게 만들 수 있을까요?
이것을 잘 활용한다면 외국어를 배우는 데, 시험공부를 할 때, 우리의 신체능력을 발달시키는 데,
운동을 할 때, 그리고 자녀를 양육할 때 등 효과적으로 활용할 수 있습니다.
세 가지 구체적인 행동 방법을 알려드리겠습니다.

첫째, 지속적으로 노출하라
둘째, 생존환경을 만들어라
셋째, 호기심과 보상을 제공하라

첫째, 지속적으로 노출하라
일본에서 태어난 하야토와 미국에서 태어난 아기 윌리엄이 있다고 합시다. 태어난 직후 두
아이의 두뇌는 별다른 점이 없습니다. 하지만 두 아이가 듣는 언어가 다릅니다. 일본어와 영어의
발음 차이 중 가장 큰 것은 R과 L의 구분이 있다는 것입니다.

하야토는 R과 L에 대한 소리의구분이 필요없어 집니다. 시간이 지나, 이 아이는 두 소리를 구분하지 못하게 됩니다. 하지만 윌리암에게 이 두 소리의 구분은 중요한 모국어의 영역이기에 부분 능력이 점차 발달하게 됩니다. 이처럼 발달을 하고 싶은 영역에 대한 지속적인 자극은 뇌를 변화시킵니다.

둘째, 생존환경을 만들어라
즉각적으로 아세틸콜린을 분비해서 뇌에 각인시키는 방법이 있습니다. 그것은 바로 생존의 위협이 되는 경험입니다. 우리는 태어날 때, 불이 위험하다는 것을 모르고 태어납니다. 하지만 한 번이라도 불에 데일 뻔한 경험을 하면 그것은 즉각, 두뇌 깊숙이 자리잡게 됩니다. 뇌는 생존의 위험이 되는 것에 대해서는 특별히 가산점을 부여합니다.
외국에 수년간 체류를 했어도 언어가 늘지 않는 사람들이 있습니다. 한인들끼리만 친하게 지내고 취미 정도로 외국어를 경험한다면 우리의 두뇌는 새로운 이 언어에 대해서 마음을 열지 않을 겁니다. 하지만 외국에 조금 살았지만 금방 언어를 배우는 사람도 있습니다. 바로 외국인들을 상대로 가게에서 일을 하거나 즉각적인 대답이 필요한 환경에 있었던 사람들인데요. 우리의 뇌는 위기에 대해 가산점을 부여하므로 두뇌 가소성이 활성화 되게 됩니다.

셋째, 호기심과 보상을 제공하라
교육심리학자 라슬로프가는 천재는 '태어난 것이 아니라 만들어지는 것이다'라는 신념을 가진 사람이었습니다. 그녀는 세 딸에게 이 신념을 토대로 체스교육을 하였습니다.
먼저 아이들에게 비밀의 방에서 무언가를 하는 것처럼 하여서 체스에 대한 호기심을 불러일으켰습니다. 그리고 점차 자라면서 체스 성적에 따라서 포옹과 시선과 관심을 제공하였습니다. 아이들은 어떻게 되었을까요?
자연스럽게 색다른 체스에 대한 뇌의 회로가 발달할 수 밖에 없었습니다. 세 딸은 모두 어린 나이에 체스 그랜드마스터가 되었습니다. 호기심은 사람을 관심 끌게 하고 뇌의 재편을 활성화합니다. 탈무드, 공자, 소크라테스의 교육법은 모두 질문을 제시하며 시작합니다. 이것은 우연이 아닙니다. 다음으로 보상입니다. 우리에게 적절한 보상이 주어질 때에 뇌에서는 도파민이 분비됩니다. 이것은 자연스럽게 생존의 환경으로 이어지게 되고 더 많은 도파민 분비를 받기 위해서 뇌는 그 방향으로 노력을 하게 됩니다. 보상은 간식과 돈과 같은 물질일 필요는 없습니다. 친구들의 칭찬과 인정, 부모님의 따뜻한 시선도 뇌를 바꾸는 충분한 보상이 될 수 있습니다. 지금까지 뇌가소성과 이것을 이용해 우리의 두뇌를 발달시키는 법에 대해서 알아보았습니다. 뇌가소성이야기는 성장이 없이 정체돼 있다고 느낀 사람들에게는 절망감을 줍니다. 하지만 반대로 앞으로 좋은 자극을 주면 달라질 수 있다는 희망을 주기도 합니다. 뇌는 자신에게 대접하는 만큼 보답을 합니다. 【프롤로그 끝】

나의 첫 질문

국어공부
어떻게 해야 할까요?

제6권 : 어린이 문장강화 희곡(동극) 편

주식회사 자유지성사

이 책을 내면서

　어린이들은 참으로 많은 것을 보고 겪으며 자랍니다. 예쁜 꽃, 귀여운 동물, 싱그러운 바람, 맑은 햇살, 그리고 부모님과 가족들의 따뜻한 사랑, 아름다운 이야기…….
　친구들과의 놀이, 장난감, 그림 그리기, 책 읽기, 어린이들에게 필요한 것은 참으로 많습니다.
　그 중에서도 충분한 영양분은 어린이들의 몸을 자라게 해 주고 좋은 글 한 편은 정신을 살찌게 해 줍니다. 거기에 좋은 글을 쓸 수 있는 기회가 보태진다면 더더욱 몸과 마음이 튼튼한 어린이로 자랄 것입니다.

  일기를 쓰면서 하루를 반성하고, 동시와 동화를 쓰면서 많은 상상의 세계를 펼치고, 생활문을 쓰면서 사랑을 배우고, 논설문·설명문·독후감을 쓰면서는 논리적이고 체계적인 사고력을 키우게 됩니다.

  좋은 생각이 담긴 글을 많이 읽고, 좋은 생각을 많이 해 보며, 좋은 생각을 글로 표현해 보는 것, 어린이들에게 그것만큼 소중한 것은 다시 없을 것입니다.

2025년 7월
지은이

차 례

나의 첫 질문 국어공부 어떻게 해야 할까요?

제6권 : 어린이 문장강화 **희곡(동극)** 편

1. 희곡이란 무엇일까요? • 9

    2. 희곡을 쓸 때 주의할 점은 무엇일까요? • 31

3. 희곡의 3요소는 무엇인가요? • 51

    4. 극본은 어떻게 구성되어 있을까요? • 71

5. 희곡 쓰는 연습 • 95

    6. 희곡을 완성한 후에는 어떻게 할까요? • 107

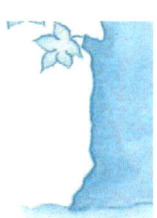 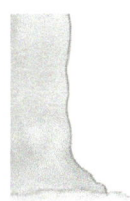

1 희곡이란 무엇일까요?

희곡이란 연극 공연을 목적으로 작가가 상상하여 쓴 글입니다. 그래서 희곡을 '연극 대본' 또는 '극본'이라고도 합니다.

어린이 여러분은 시나리오와 희곡을 간혹 착각하는 경우가 있습니다. 희곡은 연극 대본입니다. 그리고 시나리오는 영화의 대본이구요.

어린이 여러분이 부모님의 손을 잡고 소극장을 찾아가 보았던 〈아기 돼지 삼형제〉, 〈콩쥐 팥쥐〉, 〈백설공주〉는 연극 대본, 즉 희곡으로 만들어진 것입니다. 반면에 비디오 테이프나 영화관을 찾아가 본 〈이티〉, 〈주라기 공원〉, 〈시네마 천국〉 같은 영화들은 영화 대본, 즉 시나리오로 만들어진 것입니다.

연극은 배우가 무대에 직접 등장하여 관객들에게 대사와 행동을 통해 연기를 보여 주어야 합니다. 그렇기 때문에 희곡에는 등장 인물의 성격, 동작, 무대 장치 등이 자세하게 나타나야 합니다.

곧 극본은 연극의 내용을 꾸며 나가는 바탕이 되는 것이지요.

희곡은 또한 관객 앞에서 글쓴이가 드러내고자 하는 주제를 담아 내면서 동시에 생생한 감동을 줄 수 있어야 합니다. 만일 감동이 없는 작품을 무대에 올린다면 구경하는 관객들은 꾸벅꾸벅 졸거나 재미없다는 말을 하게 될 것입니다.

희곡의 특징은 이야기로써 보는 사람에게 감동을 느끼게 해 줄 뿐 아니라 연극적인 동작이나 분위기로 재미까지 줄 수 있다는 점입니다.

어린이 여러분도 학교나 교회에서 연극을 해 본 경험이 많을 것입니다. 솜으로 만든 수염을 달고 산타 할아버지 역할을 하기도 하고, 예쁜 옷을 입고 공주나 왕자 역을 연기하기도 했을 것입니다. 앞치마를 두르고 머릿수건을 쓰면 어느 새 진짜 아주머니가 되어 무대에 오르게 되죠.

> **예 문**
>
> "여봐라! 게 아무도 없느냐?"
> "예이, 부르셨사옵니까?"
> "내가 지금 하늘의 별을 갖고 싶은데 당장 따 오너라. 그럴 수 있겠느냐?"
> "마마의 뜻을 어찌 거역하겠습니까? 당장 따 오도록 하겠습니다."

그런 재미있는 대화를 나눌 수 있는 것도 연극의 맛입니다. 그렇게 연극을 하면서 실제로 임금님도 되고, 선생님도 되고, 별나라의 이티가 되어 보기도 하는 것이지요. 그렇듯 어린이 여러분에게 연극이란 중요한 몫을 담당하고 있습니다. 연극을 실제로 해 보면서 무한한 상상력을 키울 수 있기 때문이지요.

그런데 어린이 여러분은 연극을 하게 되면 무엇을 가장 신경 쓰나요? 뭘 입고 갈까, 소품은 무엇이 좋을까? 머리는 어떻게 하지? 혹시 이런 것부터 신경 쓰지는 않나요?

물론 그런 것들도 중요합니다.

그러나 더 중요한 것은 극본입니다. 극본은 그림으로 친다면 밑그림과도 같습니다. 아무리 화려한 물감으로 장식한다 해도 밑그림이 탄탄하지 않으면 좋은 그림이 될 수 없듯, 연극에서도 극본이 제대로 갖추어져야 의상이나 소품도 빛날 수 있는 것입니다.

만약에 그렇게 중요한 극본을 우리 손으로 직접 쓸 수 있다면 연극이 훨씬 더 친근감 있게 다가올 것입니다. 또한 그 연극을 직접 해 봄으로써 생활의 즐거움도 얻을 수 있을 것입니다.

다음 예문은 직접 창작한 연극의 대본, 즉 희곡입니다.

예문

제목 : 숲 속의 동물 가족

지은이 : 고성주

때 : 이른 아침부터 한나절 사이

곳 : 깊은 산 속

나오는 사람들 : 토끼

　　　　　　　　사슴

　　　　　　　　부엉이

　　　　　　　　꽃 1·2·3……

　　　　　　　　등산객 1·2·3……

무대 : 깊은 산 속, 산과 나무들. 바위 여러 개. 그 가운데 옹달샘. 틈새로 내민 풀들과 꽃들의 얼굴들이 예쁘다.

막이 오르면, 시원한 바람이 분다. 풀들과 꽃들이 노래한다.

    풀들의 노래 - 〈옹달샘 ①〉

        깊고 깊은 산 속 옹달샘

        하늘이 내려와 파란 샘

        한 모금만 마셔도 시원한 물

        이슬이 모여서 이룬 샘이니까요.

    꽃들의 노래 - 〈옹달샘 ②〉

        깊고 깊은 산 속 옹달샘

        구름이 내려와 하얀 샘

        한 모금만 마셔도 입이 시린 샘

        이슬이 굴러와 모인 샘이니까요.

모두들 풀잎 고깔을 만들어 샘물을 떠 마신다.

꽃들 : 아! 시원한 샘물.

풀들 : 자연은 맑고 깨끗하고 아름다운 곳!

꽃들 : 우리들이 오래오래 살아 가는 곳!

토끼 : (숲 속에서 기지개를 켜며 등장한다.) 어음, 어 졸려, 누구냐? 이렇게 새벽부터 단잠을 깨우는 수다쟁이들은…….

풀 1 : 하하하. 토끼님은 지금이 새벽이래.

꽃 1 : 호호호. 늦잠꾸러기 토끼님한텐 지금이 새벽인가 보지, 뭐.

토끼 : (옹달샘의 물을 떠 마시고 나서) 아니, 나보고 늦잠꾸러기라고?

풀 2 : 아무렴. 늦잠꾸러기는 아니셔도 게으름뱅이님은 틀림없지요.

꽃 2 : 들에선 농부들이 밭을 열 이랑은 더 갈았을 테고.

꽃들 : 호호호. 그래도 토끼님은 늦잠꾸러기가 아니신가요?

풀들 : 하하하. 그래도 토끼님은 게으름뱅이가 아니신가요?

토끼 : 너희들 정말 이 산중에서 지혜라면 둘째 가기

　　　　를 서러워하는 산중의 명물, 이 토끼님을 조
　　　　롱하다니. 내 당장 뜯어 꼭꼭 씹어 냠냠 먹고
　　　　말 테다.

풀들 : 아이고머니나.

토끼 : 이것들!

꽃들 : 아이고머니나.

부엉이 : (바위 위에서) 아니, 토끼야! 당장 그만두지
　　　　못하겠냐?

토끼 : 아니, 이 목소리는?

부엉이 : 그래, 토끼 네가 가장 무서워하는 부엉이다.
　　　　부엉~

토끼 : 아이고머니나.

부엉이 : 네가 하는 말을 듣고 있노라니, 당장 달려가
　　　　잡아먹고 싶다마는…….

토끼 : 잡아먹고 싶다마는?

부엉이 : 낮눈이 어두운 것이 한스럽기만 하구나.

토끼 : 호호호, 허허헤. 그러면 그렇지.

꽃들 : 무슨 말이야?

토끼 : 헤헤. 저 부엉이는 부리가 날카로워 웬만한 동물은 단번에 잡아먹지만 낮에는 눈이 멀어 꼼짝도 못한단 말이다. 헤헤헤.

꽃들 : 그으래?

부엉이: 너 토끼, 이놈 두고 보자. 오늘 밤 당장 널 밤으로 만들고 말 테다.

토끼 : 헤헤헤. 오늘 밤엔 토끼 굴 앞을 더 잘 가려야 하겠는걸.

부엉이: 너 정말 자꾸만 약 올릴 테냐?

토끼 : 아, 아니올시다. 말을 하자면 그렇다는 말씀이지요.

부엉이: 함부로 까부는구나. 부엉~

꽃 1 : 호호, 그만들 두세요. 이 맑고 좋은 날 아침에 생명을 걸고 싸움을 하다니.

풀 2 : 맞아요. 우리 산 속의 식구들끼리라도 정답게 지내야 해요.

모두들: 암, 그래야지. 그렇고 말고.

꽃들과 풀들 노래한다.

꽃들과 풀들의 노래 - 〈산에 사는 식구들은〉

　　　　산에 사는 식구들은

　　　　미워하지도 않아요. 싸우지도 않아요.

　　　　오순도순 정답게 살아가지요.

　　　　오순도순 행복하게 살아가지요.

꽃과 풀들, 토끼 노래에 맞추어 춤추는데 사슴 한 마리, 헐레벌떡 뛰어든다.

모두들 : 아니, 이게 누구야? 사슴님이 아니신가요?

사슴 : 여보시오들, 이럴 때가 아닌 것 같소이다.

토끼 : 무례하도다. 남의 즐거운 무도회에 뛰어들어
　　　기분을 망치게 하다니.

사슴 : 지금 저 아래 사람들이 몰려오고 있어요.

꽃들 : 사람들이? 왜?

풀들 : 사냥꾼들인가요?

사슴 : 사냥꾼이면 차라리 낫게? 토끼와 나만 도망

치면 그만이지, 사냥꾼이면.

꽃 1 : 사냥꾼보다 더 무서운 게 뭘까?

풀 1 : 무서운 총을 멘 군인일까?

꽃 1 : 시퍼런 칼을 든 강도일까?

사슴 : 그 사람들은 군인보다 더 무서워. 한 번 지나간 뒤면 말야.

풀 3 : 무슨 사람들인데 그러지?

사슴 : 두고 보면 알게 돼.

이 때 무대 밖에서 '야호~ 야호~' 하는 등산객의 외침 소리가 들린다.

토끼 : 등산객이다!

부엉이 : 등산객이 여기까지 오다니.

사슴 : 바로 저 사람들이야.

동물들 노래한다.

동물들의 노래 - 〈염치 없는 것은 사람들〉

　　　　　염치 없는 것은 사람들
　　　　　보는 대로 동물도 잡고
　　　　　보는 대로 식물도 캐고
　　　　　쓰레기는 아무 데나 버려
　　　　　자연을 버리는 건 사람들

토끼 : 저기 그런 사람들이 온다.

부엉이: 잔말 말고 어서들 피해.

사슴 : 부엉이 너도 피하고 꽃들도 숨어.

동물들 사라지고 식물들은 제자리로 간다. 사람들(등산객들) 등장한다.

사람 1 : 야, 정말 좋은 경치로군. 야호~ 야호~

사람 2 : 이 세상에 이런 별천지가 다 있다니.

사람 3 : 맑은 옹달샘까지. 하하하! 이런 물을 마시면 힘이 솟는다지? (마구 퍼 마시며) 야호

야호. 시원도 하구나.

사람 1 : 아니, 자네만 마실 셈인가. 나도 좀 마시
세, 그려.

사람 2 : 나도 좀.

사람들 떠 마시고 물통에도 채운다.

사람 3 : 물통만 채울 것이 아니라 고픈 배도 채우
세.

사람 1 : 암, 그래야지. 그래야 하고 말고.

사람들, 즐거운 노래에 맞추어 율동으로 푸짐한 먹자
판을 벌인다. 먹고 아무렇게나 버리는 깡통, 병, 쓰레
기…….

사람들은 아무렇게나 누워 코를 곤다.

조명, 잠시 어두워졌다가 밝아지면 사람들은 가고 쓰
레기만 남는다.

동물들 : (기웃거리며 나타나) 아유, 이걸 어쩌나.

식물들 : (고개를 내밀며) 정말 이 깨끗한 골짜기가 어느 새 쓰레기장이 되었네.

꽃 1 : 옹달샘은 어떻고.

사람들의 노래 - 〈내가 알 게 뭐람〉

먹고 나면 그만이지, 내가 알 게 뭐람.
버리면 그만이지, 내가 알 게 뭐람.
여기에 버린 것을 누가 알까 봐.
한 번쯤 버린 것 누가 알까 봐.

사람 1 : 실컷 먹고 나니 졸리는군, 그려.

사람 2 : 한잠 자고나 가세.

사람 3 : 암, 좋지.

사람들 어느 새 뒤죽박죽 누운 채 잠이 든다.

토끼 : (옹달샘을 들여다보고 울상이 되어) 잉잉, 매

1. 희곡이란 무엇일까요? • 25

　　　　　일 아침 마시던 이 샘이 구정물이 되었잖아.
　　　　　잉잉.
사슴 : 이 맑고 맑은 산 속이 하루아침에 사람들의
　　　　공해로 오염되다니.
부엉이: 부엉부엉, 안 보이는 것이 보이는 것보다 훨
　　　　씬 낫구나. 부엉부엉부엉부엉, 부우엉.

모두들 노래한다.
모두들 노래 - 〈자연은 자연 그대로〉
　　　　　　버리지 마세요 버리지 마세요.
　　　　　　알뜰살뜰 모았다가 가져 가세요.
　　　　　　자연은 자연 그대로가 좋아요.
　　　　　　자연은 자연스러운 게 좋아요.

모두들 합창하는데 막이 내린다.

어때요? 재미있고, 생동감 넘치는 연극 한 편을 본 듯한 느낌이 들지 않나요? 어린이 여러분도 친구들과 함께 모여 얼마든지 대본을 쓰고 연극을 무대에 올릴 수가 있습니다. 굳이 무대에 올리지 않더라도 친구 집, 우리 집 안방, 골목 등에서도 얼마든지 공연을 해 볼 수 있습니다.

대체적으로 연극은 어렵다고 생각하는데 절대 그렇지 않습니다. 어린이 여러분이 학교, 집, 학원, 놀이터에서 놀면서 친구들과 주고받는 이야기에 좀더 살을 붙이고 재미있게 꾸며서 쓴 뒤에 친구끼리 역할을 나눠 공연한다면 좋은 연극이 되는 것이지요.

2 희곡을 쓸 때 주의할 점은 무엇일까요?

희곡을 쓸 때 주의할 점이 많이 있습니다. 여기서는 네 가지 정도로 요약하여 설명하겠습니다.

주의할 점을 익혀 둔다면 여러분이 직접 희곡을 쓸 때 많은 도움을 줄 것입니다.

첫째 : 때, 곳, 나오는 사람을 미리 밝혀야 합니다

언제, 어디에서, 어떤 사람들의 이야기인지 글머리에서

미리 밝혀야 합니다. 희곡은 다른 글들과 달라서 해설을 제외하고는 설명과 묘사 부분이 없기 때문에 미리 밝히지 않으면 읽는 사람에게 불편함을 줍니다.

또한 연극을 할 때에도 이러한 사항들에 대한 정보가 있어야 내용을 이해하는 데 도움이 됩니다.

둘째 : 글의 진행이 무대를 중심으로 이루어집니다

연극은 때와 장소가 바뀌는 것을 분명히 해야 하는데, 그래야만 관중이 연극의 흐름을 이해할 수 있기 때문입니다. 그래서 무대에 막을 내렸다가 다시 올리는 식으로 시간의 변화를 알립니다. 또는 조명의 변화로 구별하기도 하지요.

이런 것들은 연출자가 정할 일이지만 대본을 쓰는 사람이 먼저 분명히 해 두어야 연출도 할 수 있는 것이죠.

셋째 : 무대 배경과 분위기에 대하여 설명해야 합니다

연극을 하는 무대 배경은 어떻고, 분위기는 어떻게 되어야 한다는 것이 대본에 나타나야 합니다.

이 부분은 연출자가 정할 수도 있지요. 그러나 연극의 주제를 관객에게 더 정확하게 전달하기 위해서는 극본을 쓰는 사람이 배경과 분위기를 정확하게 밝혀 두는 것이 훨씬 더 효과적이겠지요.

넷째 : 사건의 전개는 대화글과 바탕글로 이루어져야 합니다

희곡에는 사건이 서술에 의하여 진행되는 것이 아니라 인물들의 직접적인 행동과 대사로 진행되므로 대화글과 바탕글 속에 인물의 심리나 행동의 변화, 성격 등이 잘 나타나야 합니다.

극본의 본문은 바탕글과 대화글을 구분해서 쓰되 가능하면 자세하게 나타내야 합니다.

대화글은 등장 인물이 무대 위에서 직접 말할 수 있는 내용만 나타내고 나머지, 즉 동작·표정·어투 등은 바탕글로 나타냅니다.

다섯째 : 모든 문장이 현재형이어야 합니다

희곡은 무대 위에서 연극으로 상영된다는 것을 전제하므로 현실감이 있어야 합니다. 뿐만 아니라 모든 사건이 대화나 행동으로 진행되므로 과거형이나 미래형은 필요하지 않습니다.

등장 인물끼리 상황을 묘사할 때, 잠깐씩 과거형이나 미래형이 쓰일 수는 있습니다.

그러면 이제는 한 편의 극본을 감상하면서 위에서 설명한 사항들을 확인해 보세요.

예문

제목 : 병아리 탄생(유아극 1막)

지은이 : 주평

때 : 낮

곳 : 헛간

등장 인물 : 엄마닭

　　　　　뻐꾹새

　　　　　참새 1·2·3·4·5·6·7·8·9·10

　　　　　개

　　　　　염소 아주머니

　　　　　돼지

　　　　　거위 아주머니

　　　　　병아리 1·2·3·4·5

무대 : 정면 안쪽에 약간 높게 지은 닭의 둥우리가

있다. 둥우리에는 엄마닭이 달걀을 다섯 개 품고 있다. 막이 열리면 엄마닭이 노래를 한다.

〈노래 1〉
삐약삐약 병아리
어서 깨어 나오라.
해님도 반짝반짝
따뜻하게 비추네.
민들레꽃 개나리꽃
방긋 웃는 꽃밭엔
봄바람 살랑살랑
나비들도 춤추네.

뻐꾹새, 한쪽에서 뻐꾹뻐꾹 울며 나온다.

뻐꾹새 : 안녕하세요? 병아리 엄마.
엄마닭 : 어서 와요, 뻐꾹새.

뻐꾹새 : 알은 어때요?

엄마닭 : 오늘쯤 깰 것 같아. 병아리가 껍데기 속에서 삐약삐약 울고 있는걸.

뻐꾹새 : 빨리 깨어 나오면 좋겠죠?

엄마닭 : 다섯 개의 달걀에서 병아리가 모두 건강하게 깨어난다면 얼마나 기쁠까?

뻐꾹새 : 건강하게 깨어나도록 나도 같이 노래 부르겠어요.

뻐꾹새와 엄마닭, 같이 노래 부른다.

〈노래 2〉

삐약삐약 병아리

어서 깨어 나오너라.

푸른 새싹 돋아나는 들판에

종달새가 종달종달

봄 노래를 부르네.

강남 갔던 제비도

봄을 찾아 날으네.

참새 1·2 무대 양쪽에서 나와 노래를 듣는다.

참새 1 : 야, 병아리가 깨어난대!
참새 2 : 아이 좋아. 지금부터 멍멍이와 매애 염소 아주머니에게 전해 줘야지.
참새 1 : 나는 꿀꿀이와 거위 아주머니에게 알리겠어.
참새 1·2 : 그래, 그래.

참새 1·2가 엄마닭 주변을 몇 번 휘이휘이 날다가 무대에서 나간다.

뻐꾹새 : 참새들이 여러분께 알리러 갔어요.
엄마닭 : 너무 떠들면 병아리가 깜짝 놀라 안 나오게 되겠네.
뻐꾹새 : 참새는 왜 저렇게 수다스러울까?

뻐꾹새와 엄마닭은 달걀을 감싸듯이 하고 〈삐약삐약 병아리〉를 허밍으로 부른다. 개가 "멍멍" 짖으며 한 쪽에서 나온다.

개 : 잘 있었어? 병아리가 깨어난다고? 반갑군. 나는 짖는 게 제일이니까, 여기서 망을 봐 줄게. 멍멍멍!
뻐꾹새 : 쉿, 조용해!
엄마닭 : 멍멍개야, 친절은 고맙지만 그렇게 짖어 대면 병아리가 놀란단다. 조용히 기다려 주겠니?
개 : 응, 알았어. 알았어. 멍멍멍~

개는 무대 뒤, 오른쪽에 깊숙이 앉는다. 염소 아주머니가 매에 매에 울며 무대로 올라온다.

염소 : 병아리가 깨어난다면서? 얼마나 예쁘게 생긴 병아리일까? 나는 젖을 담뿍 먹여 줄 테야.

매에 매에.

뻐꾹새 : 염소 아주머니, 친절은 고마우나 병아리는 젖을 먹지 않아요.

엄마닭 : 그보다 병아리가 깨어나거든 부드러운 풀을 뜯어와 주세요.

염소 : 그래, 그래. 매에 매에 매에.

염소 아주머니는 무대 뒤쪽, 왼쪽에 깊숙이 앉는다. 돼지가 꿀꿀 울며 무대로 나온다.

돼지 : 병아리가 깨어난다고? 우리 집을 빌려 줄 테니 병아리와 같이 오는 게 좋겠어.

뻐꾹새 : 돼지 우리는 냄새가 나서 안 돼요. 거기다가 축축하잖아요.

엄마닭 : 병아리는 볕이 드는 따뜻한 곳에서 내가 날개로 품어 주지 않으면 크지 않는단다.

돼지 : 아, 그랬군! 나는 몰랐어. 꿀꿀꿀.

돼지는 무대 앞쪽 오른쪽에 앉는다. 거위 아주머니가 꽥꽥거리며 무대 중앙으로 나온다.

거위 : 병아리가 깨어난다지? 내가 연못에 데리고 가서 헤엄치는 것을 가르쳐 주마.

뻐꾹새 : 거위 아주머니, 그러면 병아리는 물에 빠져 죽고 말아요.

엄마닭 : 병아리는 잔디 위에서 걸음마 연습을 해야 해요.

거위 : 아, 그래? 미처 몰랐네. 꽥꽥꽥.

거위는 무대 앞쪽, 오른쪽에 앉는다. 참새 1·2는 짹짹짹 울면서 무대 양쪽에서 나온다.

참새 1 : 병아리는 아직 안 나왔어?

참새 2 : 언제 나오는 거야?

엄마닭 : 이제 곧 나와.

참새 1 : 여럿을 더 부르자. 어이! 빨리 와~

참새 2 : 나도 부를게. 어이! 빨리 와~

무대 양쪽에서 참새 3·4·5·6·7·8·9·10이 나와서 나란히 선다.

참새 3 : 아직 깨어나지 않았어?

참새 4 : 아직 깨어나지 않았다고?

엄마닭 : 곧 나올 거야. 조그마한 부리로 달걀을 콕 콕 쪼는 소리가 들리는구나.

참새 3·5·7 : 아이, 빨리 나왔으면 좋겠어.

참새 4·6·8·10 : 빨리 나왔으면 정말 좋겠어.

뻐꾹새 : 한 번 더 내가 노래 불러 봐야겠어. 병아리야, 빨리 나와 다오. 뻐꾹뻐꾹, 뻑뻐꾹.

참새 1 : 아직 멀었어?

엄마닭 : 이제 곧 나와.

뻐꾹새 : 아직 멀었어?

엄마닭 : 이제 곧 나와.

뻐꾹새 : 뻐꾹뻐꾹, 뻑뻐꾹 뻑뻐꾹, 뻐꾹.

엄마닭 : 앗, 나왔어!

모두 : 나왔어! 나왔어!

병아리가 알을 깨고 한 마리씩 나온다. 여럿이서 한 마리, 두 마리, 세 마리 헤아린다. 병아리는 삐약삐약 울며 무대를 빙빙 돈다.

엄마닭 : 아이, 좋아라. 모두 건강하게 깨어났네!

뻐꾹새 : 병아리 엄마, 축하해요!

모두 : 축하해요, 축하해요! 짹짹짹짹, 매에매에, 멍멍멍, 꿀꿀꿀, 꽥꽥꽥꽥.

모두 손뼉을 친다. 다섯 마리의 병아리는 '삐약삐약' 울며 무대를 돈다. 모두 소리를 맞추어 노래를 한다. 다섯 마리 병아리는 엄마닭을 싸고 춤을 춘다.

〈노래 3〉

삐약삐약 병아리가 깨어났어요.

귀여운 눈동자의 삐약 병아리.

병아리들 : 삐약삐약 삐약

　　　　　삐약삐약 삐약, 병아리가 깨어났어요.

　　　　　샛노란 부리의 삐약 병아리.

　　　　　삐약삐약 삐약

　　　　　삐약삐약 삐약, 병아리가 깨어났어요.

　　　　　튼튼하게 자라나요. 삐약 병아리.

　　　　　삐약삐약 삐약

　병아리들, 노래와 춤을 계속하는 가운데 막이 내린다.

3 희곡의 3요소는 무엇인가요?

희곡의 3요소는 **해설, 대화글, 바탕글**입니다.

첫째, 해설

희곡에서의 해설은 무대 장치, 등장 인물, 시간, 장소 등을 제시한 글입니다. 해설에는 등장 인물에 대한 해설과 인물간의 관계에 대한 해설이 있습니다.

등장 인물에 대한 해설에는 성격, 용모, 다른 등장 인물간의 관계 등이 속합니다.

무대 장치나 배경에 대한 해설에서는 극의 분위기를 느끼게 해 줍니다.

둘째, 대화글

대화는 두 사람 이상의 인물이 등장하여 무대에서 주고받는 말입니다.

대화글은 대화, 독백, 방백으로 나눌 수 있습니다.

독백은 등장 인물 혼자서 하는 말입니다.

방백은 두 사람 이상이 대화를 하는 도중에, 그 중 한 사람이 상대방에게는 들리지 않는 것으로 전제하고 관객들에게 말하는 것입니다. 사람들 가운데에서 혼자 속으로 생각하는 것을 표현할 때 적합한 방법이죠.

셋째, 바탕글

바탕글은 지시문 또는 지문이라고도 합니다.

등장 인물의 동작, 표정, 속마음 등을 설명하기도 하고 말할 때 소리의 높낮이, 강약 등을 지정해 주기도 합니다. 바탕글은 배우가 실제로 읽지는 않지만, 지시에 따라 느낌을 살려서 읽어야 합니다.

다음 예문을 보면서 희곡을 구성하는 3요소를 확인해 보세요.

제 목: 어느 악사의 죽음

지은이: 고성주

때 : 크리스마스 전날 밤
곳 : 깊은 산 속 오두막 교회
나오는 사람들 : 지나 - 9살쯤의 고아 소녀
　　　　　　　별 1·2·3·4·5
　　　　　　　달 1·2·3·4·5
　　　　　　　어머니 - 꿈 속에 나타난 지나의

어머니

아버지 - 꿈 속에 나타난 지나의 아버지

소리

무대 : 깊고 깊은 산 속, 눈이 덮인 높다란 산과 계곡들. 잣나무 같은 늘푸른 나무들도 많다. 그 앞에 동화 속에나 나올 것 같은 오두막 교회 하나. 사람은 살지 않지만 따뜻한 느낌이다.

제1장

막이 오르면,

적막이 흐르다가 맑은 음악이 조용히 스며든다. 잠시 후 남루한 거리의 소녀 지나가 하모니카로 슬픈 노래를 불며 등장한다.

보일 듯이 보일 듯이 보이지 않는

따옥따옥 따옥 소리 처량한 소리

떠나가면 가는 곳이 어디메이뇨

내 어머니 가신 나라 해돋는 나라

지나가 끝내 울음을 참지 못하고 흐느낀다.

지나 : 엄마아, 흐흐흑…….

지나가 벤치에 고개를 묻고 흐느끼는 동안 노래의 2절은 가냘픈 현악기로 연주된다.

별들 : 지나야, 울지 마.

지나 : 아니, 너희들은?

별 1 : 우리는 저 깊고 깊은 산 너머에서 사는 별들이야.

지나 : 깊고 깊은 산 너머에서 사는 별들?

별들 : 그렇다니까.

지나 : (고개를 저으며) 그런데 어떻게 여기는?

별 2 : 그건…….

지나 : 그래, 말하기 싫으면 하지 않아도 괜찮아. 나하고는 모두가 관계 없는 일이니까.

별 3 : 지나야, 그렇지만은 않아. 우린 지나 너를 위해 온 거야.

지나 : 아니야. 그런 말 내게는 하지 마. 나를 위하는 사람은 이 세상엔 아무도 없어. 나에겐 모든 것이 슬픔일 뿐이야.

별 4 : 가엾은 지나야.

지나 : (혼자 돌아서며) 그래, 난 가엾은 아이야, 가엾은……. 흑흑.

별 5 : 누가 이 가엾은 지나를 달래 줄 사람이 없나요?

별 1 : 응, 그건!

별들, 자기들끼리 의미 있게 고개를 끄덕이다가 신비로운 소리에 맞추어 사라지듯 퇴장한다.

지나, 고개를 벤치에 묻고 흐느끼자 어느 새 무대는 환상으로 변한다. 꿈에 취하는 지나.

3. 희곡의 3요소는 무엇인가요? · 57

지나 : 엄마아!

어머니: (교회에서 나오며) 지나야.

지나 : (멈칫하다가) 엄마.

어머니: 그래, 지나야.

지나 : 엄마, 어디에 있었어?

어머니: 저…….

지나 : 아니야, 엄마. 말하지 않아도 돼. 엄마가 이렇게 있기만 하면 돼.

어머니: 지나야, 이 엄마도 네가 무척 보고 싶었단다.

지나 : 엄마, 난 엄마가 얼마나 보고 싶었는지 몰라. 할머니가 돌아가시고 없는 동안 내가 얼마나 슬펐는지 엄마는 모를 거야. 비가 내리고 배가 고픈 날, 나는 울면서 엄마를 원망했어. 왜 내 곁을 떠났느냐고 하면서……. 고아원. 그래, 엄마 난 고아원이 이 세상에서 제일 싫어. 그래서 고아원 선생님 몰래 나오고 만 거

야. 싫어, 엄마. 나 이제 다시는 고아원엔 안 갈래. 차라리 이 하모니카로 거리의 악사가 되는 게 훨씬 나아. 슬프지만 말야. 엄마 곁에 있을래.

어머니 : 오, 가엾은 내 딸 지나야.

지나 : 엄마, 이젠 가엾지 않아. 엄마가 이렇게 내 곁에 있는걸.

어머니 : 지나야.

지나 : 네, 엄마?

어머니 : 나도 어린 너를 생각할 때마다 한없이 눈물을 흘리곤 했단다.

지나 : 그런데 엄마는 왜 가고 말았어? 왜 내 곁을 떠나고 말았어? 엄마.

어머니 : 아, 안타까운 이 얘기를 어떻게 내 입으로 다 할 수 있을까.

지나 : 아니야, 엄마. 하지 않아도 돼. 난 이렇게 지금처럼 엄마 곁에 있으면 돼. 먹지 않아도 배가 고프지 않을 거야. 입지 않아도 춥지 않을

거야. 이렇게 엄마 곁에만 있으면…….

어머니 : 안타깝구나, 정말.

지나 : 엄마, 안타깝지 않아. 엄마가 내 곁에 있는 걸.

어머니 : 그래, 슬픈 얘긴 말자.

지나 : 하지만 엄마, 난 자꾸만 자꾸만 슬픈걸.

어머니 : 나도 네 맘을 안다.

지나 : 엄마, (가까이 가며) 난 엄마가 얼마나 보고 싶었는지 몰라. 아이들이 엄마와 손을 잡고 다니는 걸 보면 난 울고만 싶었어. 엄마, 엄마, 날 안아 줄 수 있지? 자, 엄마.

어머니 : (물러서며) 안 돼, 지나야.

지나 : 아니, 엄마. 왜 나를 피하는 거야? 엄마, 그렇게 날 그리워하던 엄마가 어째서 날 피하는 거야. (달려가며) 엄마, 엄마. 한 번이라도 좋아. 날 안아 줘, 엄마.

어머니 : (뒷걸음으로 점점 멀어지며) 지나야, 잘 있어. (울림 목소리로 바뀌면서) 지나야, 이렇

게 하는 엄마의 마음을 이해해 주렴. 지나야, 잘 있어. 지나야.

지나 : (안타까워 울부짖으며, 떨리는 목소리로) 엄마, 흐흑. 엄마, 가지 마. 엄마아— 얼마나 보고 싶었던 엄만데....... 가지 마, 엄마!

울부짖는 지나의 슬픈 음성이 점점 멀리 메아리칠 때 무대 밝아지면서 지나 꿈에서 깨어난다. 벤치에서 흐느끼는 지나.

지나 : 엄마아, 엄마아!

신비로운 음악에 맞추어 이번에는 달들이 등장한다.

달들 : 불쌍한 지나야.
달 1 : 지나야, 울지 마.
지나 : 아니, 너희들은?
달 2 : 우리는 높고 높은 저 산 너머에서 사는 달들

3. 희곡의 3요소는 무엇인가요? · 63

이야.

지나 : 높고 높은 산 너머에서 사는 달들?

달들 : 그렇다니까.

지나 : 너희들도 별들처럼 나의 아픈 마음을 건드려 주려고 왔니?

달 3 : 지나야, 그건 오해야. 별들도, 우리 달들도 오늘 밤만은 너 같이 가난한 아이를 위로하려고 애쓰는걸.

지나 : 마음은 고맙다만 그런다고 냇물이 산이 될 수 없듯이 슬픈 내 마음이 기쁨으로 변할 수 없어.

달 4 : 언젠가는 지나 너도 알게 될 거야, 우리의 마음을. 그리고 슬픔을 이길 수 있는 마음이 튼튼한 아이가 될 거야.

지나 : 다 쓸데없는 일이야. 다 소용 없는 일이라고. 아무도 이 세상에 나를 위하는 사람이 없는 걸. 어떻게 울지 않고 살라는 거야.

달 5 : 슬픈 지나야.

지나 : 그래. 난 슬픈 아이야. 슬픈 아이, 흑흑.

달 1 : 누가 이 슬픈 지나를 달래 줄 사람이 없나요?

달 2 : 안타까운 일이지만 달들아, 우리도 별들처럼 지나를 꿈꾸게 하자.

달들, 고개를 끄덕인다. 신비로운 음악이 흐른다. 달들, 춤추듯 사라진다. 지나, 다시 흐느낀다.

지나 : 아빠아―!

무대 어두워졌다가 밝아지면 씩씩한 군인 아빠가 지나 옆에 서 있다.

지나 : 아빠!

아버지 : 그래, 지나야.

지나 : 아빠, 난, 난 아빠가 얼마나 보고 싶었는지 몰라요.

아버지 : (슬픔을 억누르며) 그래, 그건 이 아빠도

마찬가지였어.

지나 : 그런데 왜? 아빠? 왜 떠나셨어요?

아버지 : 넌 나를 원망하겠지만 이 아빠가 할 수 있는 일은 아니었어. 너와의 그렇게 슬픈 이별은 이 아빠도 어쩔 수가 없었단다.

지나 : 아빠도, 엄마도 없는 이 세상은 깜깜한 밤이었어. 아빠, 내가 얼마나 슬프고 가엾게 살아왔는지는 아무도 몰라요. 그렇지만 그건 아무런 소용이 없어요. 원망하면 할수록, 엄마 아빠 생각을 하면 할수록 더 슬프고 울음만 나왔어요. 아빠아, 흐흐흑…….

아버지 : 지나야, 울음을 그치고 용기를 내어 다오. 나도 안단다. 네가 얼마나 서럽게 이 세상을 살아가고 있는지.

지나 : 그러면서 왜 나를 버리셨어요?

아버지 : (검은 손수건을 꺼내 눈물을 닦으며) 지나야. 그건, 그건……. 다만 슬픈 운명일 뿐이었어.

지나 : 알아요. 그건 다만 슬픈 운명일 뿐이었다는 것을. 하지만 그렇게 슬픔을 위로하기에는 너무 벅찬 일이었어요. 정말 울고만 싶을 뿐이었어요.

아버지 : 지나야, 용기를 내렴. 그래, 착하지. 네가 그토록 슬퍼하는 것을 이 아빠는 정말 볼 수가 없단다. 아빠의 마음은 더욱 미어질 것 같은걸.

지나 : 아니야, 아빠. 아빠가 이제 이렇게 지나 곁에 계속 있어 주면 돼요. 그럼 난 하나도 안 슬퍼.

아버지 : 이 아빠는 지나와 말을 하면 할수록 더욱더 가슴만 아프니 어떡하면 좋으니.

지나 : 엄마도 아빠도 오늘 밤 울다 지쳐 잠이 들었을 때 내 곁에 나타나 주시곤 했지만, 그 때마다 내 손 한번 잡아 주지 않으신 건 무슨 이유 때문인가요? 그건, 그건…… 엄마, 아빠가 날 사랑하지 않기 때문인가요? 아빠,

절 잡아 주세요. 꼭 잡아 주세요, 네?

아버지 : (짐짓 물러서며) 지나야, 그건…… 그건 안 돼. 그건 아빠, 엄마가 널 사랑하는 것과는

별개의 문제야.

지나 : 아빠, 아빠도 엄마처럼 절 피하시는 거예요? 아빠, 그러지 말고 절 잡아 주세요.

아버지 : (멀어지며) 지나야. 미안하구나. 슬프더라도 용기를 내렴. (울림 목소리로 바뀌면서) 지나야, 아빠의 마음을 이해해 주렴. 언젠가는 네가 엄마, 아빠의 마음을 이해해 주리라 믿는다. 믿어.

지나 : 아빠, 아빠. 흐흐흑. 모두들 내 곁을 떠나면 난 어떻게 해야 하나요?

환상적 음악이 높아지자, 지나가 꿈에서 깨어난다. 무대 밝아진다.

지나 : 아, 차라리 꿈을 꾸지나 않았으면 엄마, 아빠의 모습을 잊을 수 있었을 텐데. 엄마, 아빠는 어디 계세요? 엄마― 아빠―

4 극본은 어떻게 구성되어 있을까요?

희곡은 동화, 소설과 비슷한 글입니다. 따라서 그 구성이 동화, 소설의 그것과 같습니다.

희곡을 쓸 때 주의할 점은 예상을 뒤엎는 극적인 사건이 많아야 한다는 점입니다. 그래서 관객을 사로잡을 수 있는 감동을 줄 수 있어야 합니다. 관객을 사로잡아 깊은 감동을 줄 수 있게 하려면 사건을 극적으로 전개시킬 수 있어야 합니다.

극본의 구성에는 3단계 구성, 4단계 구성, 5단계 구성이 있습니다.

각 구성에 따른 전개 과정은 다음과 같습니다.

> 3단계 구성: 발단-절정-결말
>
> 4단계 구성: 발단-전개-절정-결말
>
> 5단계 구성: 발단-전개-위기-절정-결말

그 중 가장 대표적인 구성이라고 할 수 있는 **5단계 구성**은 어떻게 전개되는지 살펴보도록 하겠습니다.

발단

연극이 시작되는 부분으로, 인물의 성격과 배경이 나타나고 어떤 이야기가 앞으로 전개될 것인지 암시합니다.

원인이 되는 사건, 등장 인물들의 성격, 이야기 흐름의 분위기 등을 느낄 수 있게 해 주어야 합니다. 그렇기 때문에 읽는 사람이나 보는 관객이 사건의 흐름, 이야기의 실마리를 빨리 눈치챌 수 있도록 써야 합니다.

전개

사건의 실마리가 조금씩 얽히기 시작하는 부분입니다. 이야기가 점점 재미있게 엮어지는 부분으로 인물끼리 대립을 일으켜 사건을 복잡하게 얽어 놓습니다.

위기

얽힌 사건이 갈등과 분규로 아슬아슬해지는 대목입니다. 인물들 간에 갈등에 심해지며, 아슬아슬한 고비가 이어집니다.

절정

사건이 최고조에 도달하는 부분입니다. 연극의 클라이맥스라고도 하지요. 갈등이 심해져서 최고조에 달해야 하며 감동적인 대화를 써야 합니다.

결말

갈등이 점차 해소되고, 이야기가 끝을 맺습니다. 갈등과 분규가 끝남으로써 사건이 해결되는 대목입니다. 처음에 생각했던 것과는 반대로 끝나는 경우도 많은데 이를 반전이라고 합니다.

다음 희곡을 감상하면서 여러분이 직접 구성 단계를 나누어 보세요.

예문

제목 : 당나귀 알로 결정함

지은이 : 김숙희

때 : 봄날
곳 : 숲속
나오는 사람들 : 장끼—아빠
　　　　　　　까투리—엄마
　　　　　　　알록이—오빠
　　　　　　　달록이—누나
　　　　　　　콩이—아기

숲속에 꿩 가족이 살고 있는 조그맣고 아담한 집이 있다. 꿩 가족 다섯이 서로 몸을 기대고 앉아 노래를 부른다.

노래 : 지붕도 울타리도 없는 우리 집

　　　아빠는 멋진 깃털 랄랄랄라라

　　　엄마 품은 보드라워 라라랄랄라

　　　오빠 언니 아가는 라랄랄랄라

　　　바람은 산들산들 해님은 쨍쨍

　　　저 높은 산에선 산양이　매에

　　　저 넓은 들에선 엄마소 음매에

　　　우리 모두 노래해요 랄라랄라랄라

꿩들이 노래를 부르고 있을 때 바람 빠진 풍선 하나가 굴러와 꿩의 집 마당에 떨어진다.

알록이 : 저게 뭐야?

달록이 : 어머, 예쁘다. (뛰어가 주우려고 한다.)

장끼 : 잠깐!

달록이 : (주춤하며) 왜요, 아빠?

알록이 : (역시 주춤하며) 위험한 건가요?

장끼 : 아빠도 그게 어떤 것인지는 잘 모르지만, 하여튼 처음 보는 것이니 함부로 만지지 않는 것이 좋을 것 같구나.

까투리 : 아빠 말씀대로 하는 게 좋겠다.

아이들 물러서고 장끼가 조심스럽게 풍선 있는 데로 다가간다.

까투리 : (걱정스럽게) 여보, 너무 가까이 가지 말아요.

장끼 : 걱정 마. (풍선 주위를 빙빙 맴돌다가 가까이 다가가 점점 대담하게 툭툭 건드려 본다.) 하하. 뭐 걱정할 것은 아니다. 조금도 위험하지 않아.

까투리 : 이게 뭘까요?

장끼 : 글쎄? 둥그런 것이 무슨 열매 같기도 하고……

콩이 : 그럼 먹는 거야?

달록이 : 넌 먹는 것밖에 모르니?

콩이 : 이렇게 큰 열매면 우리 식구 모두 실컷 먹고도 남겠다.

까투리 : 가만 있어 봐. (냄새를 맡아 본다.) 열매는 아니다. 이게 먹는 열매라면 향긋한 냄새가 날 거고, 먹지 못하는 열매라면 고약한 냄새가 날 텐데 아무 냄새도 안 나잖니.

장끼 : 그래. 아무 냄새도 없으면 열매는 아니다.

알록이 : 그럼 이게 뭐지?

달록이 : 둥그런 것이 꼭 알같이 생겼지?

장끼 : 맞아. 둥그런 것은 알이야. 우리 달록이 똑똑하다.

달록이 : (칭찬을 받고 좋아한다.)

모두 : 아아, 알이구나.

알록이 : 화아! 알 치고는 굉장히 큰 알인데. 타조 알인가?

달록이 : 타조 알은 이것보다 작고 하얀색이야.

장끼 : 그래, 타조 알은 아니다.

까투리 : (풍선을 만지며) 이렇게 큰 알을 낳은 동물은 어떤 동물일까?

콩이 : 코끼리 알 아니야? 코끼리는 크잖아.

알록이 : 에헤헤. (동생의 어리석은 질문을 비웃는다.)

달록이 : 바보, 코끼리는 짐승인데, 어떻게 알을 낳니? 새끼를 낳지.

콩이 : 그런가? (뒷머리를 긁적거린다.)

달록이 : 알은 다리가 둘인 새들이 낳는 거야.

콩이 : 피이, 다리가 하나도 없는 물고기도 알을 낳네.

달록이 : 그래, 물고기도 알을 낳지. 하지만 다리가 넷인 동물은 알을 낳지 않아.

알록이 : 거북이는 다리가 넷인데도 알을 낳더라.

콩이 : 누나는 순 엉터리야.

까투리 : (아기들이 다투는 동안 계속 풍선을 만지작거리다가 중대한 발견을 했다는 듯이 소리를 지른다.) 이것 봐! 알에 배꼽이 있어.

4. 극본은 어떻게 구성되어 있을까요?

모두 : 배꼽?

까투리 : (풍선 바람 넣는 곳을 보이며) 여기 배꼽이 있잖아.

콩이 : 배꼽이 뭐야?

까투리 : 우리 새들에겐 없는 건데, 다리가 넷이고 새끼를 낳는 짐승들에겐 다 있는 거야. 그러니까 이건 짐승의 알이 틀림없어.

장끼 : 허어, 거 참 놀라운걸. 당신은 하나를 보면 열을 아는구먼.

아기들 : 그래요, 아빠. 우리 엄마는 너무너무 잘 알아맞혀요.

까투리 : (겸손해 한다.) 아이, 별 말씀을 다 하시네요. 당신이 용감하게 우리를 지켜 주신 덕이죠. 너희들, 아빠의 은혜를 잊지 말고 아빠 말씀 잘 들어야 된다.

아기들 : (동시에) 네!

알록이 : 그런데 이게 정말 짐승의 알일까요?

장끼 : 너는 엄마를 믿지 않니?

알록이 : 믿어요.

장끼 : 그런데 왜 엄마가 한 말을 의심하는 거지?

알록이 : 아니, 의심하는 것이 아니고…….

장끼 : 의심하지 않으면 믿어라.

알록이 : 예. (조그만 목소리로) 그런데 배꼽이 있는 알도 있나? (고개를 갸우뚱거리며 궁금해 한다.)

콩이 : 아빠, 그런데 이게 누구 알이야?

장끼 : 글쎄……. 사자 알 같지는 않고…….

콩이 : 왜요?

장끼 : 알을 보면 그 어미를 짐작할 수 있단다. 까불이 할미새 알은 앙징맞고, 능청꾸러기 뻐꾸기 알은 엉큼스럽고, 사이 좋은 비둘기 알은 정답고, 외로운 부엉이 알은 추워 보이고, 용감한 독수리 알은 의젓하지.

달록이 : 그러면 사자같이 용감한 동물이 요렇게 말랑말랑하고 질깃질깃한 껍질 속에 들어 있을 것 같지는 않네요.

장끼 : 그렇지.

콩이 : 그럼 얼룩말 알인가?

까투리 : 얼룩말은 아닐 거야.

달록이 : 왜요?

까투리 : 얼룩말은 걷어차는 걸 좋아하거든. 그러니까 이 속에 얼룩말이 들어 있다면 벌써 걷어차서 껍질이 다 깨졌을 거다.

달록이 : 그럼 누구 알이지?

콩이 : 생쥐 알인가?

알록이 : 이게 생쥐 알이라면 이 속에 생쥐가 백 마리도 더 들었겠다.

까투리 : 난 지금까지 알 하나에 아기가 하나 이상 들어 있는 걸 본 적이 없다.

모두들 : 그럼 이건 누구 알일까?

장끼 : (심각하게) 그렇다면…… 이건…… 당나귀 알이다.

모두들 : 당나귀 알이라고요?

알록이 : 아빠가 그걸 어떻게 알아요?

4. 극본은 어떻게 구성되어 있을까요? · 85

장끼 : 당나귀처럼 멍청하고 또 고집 센 동물은 없거든. 이 알 껍질을 봐라. 이렇게 잡아 당기면 이렇게 늘어나고, 저렇게 잡아 당기면 저렇게 늘어나지 않니? 마치 당나귀 주인이 고삐를 이 쪽으로 잡아 당기면 이 쪽으로 가고, 저 쪽으로 잡아 당기면 저 쪽으로 가는 것처럼 말이다.

모두 : 아, 그래요. (알록이만 믿기 어렵다는 듯이 고개를 갸우뚱거린다.)

장끼 : (식구들이 자기 말을 믿어 주니까 더 신이 나서 설명한다.) 게다가 당나귀는 말이지, 고집이 여간 세지 않거든. 마치 이 알껍질을 잡아 당겼다 놓으면 금방 제자리로 돌아가는 것처럼 말이야.

까투리 : 그래요. 자식이란 부모의 성질을 많이 닮는 법이지요.

알록이 : 그렇다고 해서 당나귀 알이 틀림없다고 말할 수는 없잖아요?

장끼 : 어째서?

알록이 : 당나귀 알이 아닐 수도 있으니까요.

장끼 : 어째서 당나귀 알이 아닐 수도 있다는 거냐?

알록이 : 그건…… 그건…… 하여튼 아닐 수가 있잖아요.

달록이 : 무조건 아닐 수 있다는 건 말이 안 돼.

알록이 : 만일 당나귀가 알을 낳지 않는 동물이라면…….

달록이 : 당나귀가 알을 낳지 않는 동물일지도 모른다는 거야?

알록이 : 그래.

콩이 : 아빠가 당나귀 알이라고 그랬는데?

알록이 : 그래도 아닐 수 있잖아.

콩이 : 아빠가 그렇다고 했는데 어떻게 아니라고 해?

알록이 : 아빠 말이라고 언제나 옳다는 법이 있어?

달록이 : 어떻게 아빠 말을 틀린다고 할 수 있어? 우리 아빤데…….

콩이 : 그래, 형은 이상해.

알록이 : 내가 이상한 것이 아니라 우리 집 식구들이 이상해. 어째서 아빠는 절대로 틀리지 않을 거라고 생각하는 거지?

까투리 : 알록이 말도 일리가 있는데요.

콩이 : 엄마는 누구 편이야?

까투리 : 편은 무슨 편이야? 알록이 말도 맞을 수 있다는 거지. 어른이라고 해서 언제나 옳다고 할 수는 없지 않니?

달록이 : 엄마, 아까는 아빠 말씀을 잘 들으라고 하고 이제 와서는 아빠 말씀을 듣지 말라는 거예요?

까투리 : 그런 뜻이 아니라……

콩이 : 대체 무슨 말인지 모르겠네.

장끼 : 그만, 그만. 내 말 좀 들어 봐.

모두 : (장끼를 쳐다본다.)

장끼 : 나도 어른이라고 해서 자기 의견만 고집하는 건 찬성하지 않는다. 왜냐하면 그건 민주주의

가 아니거든. 누구나 자기 의견을 말할 수 있어요. 하지만 의견이 너무 많으면 곤란하니까 민주적인 방식인 다수결로 그 중 하나를 결정하는 게 좋다고 생각한다.

달록이 : 맞아요. 역시 우리 아빠는 훌륭한 분이야.

콩이 : 나도 찬성이야.

까투리 : 저도요.

장끼 : 그러면 이것이 당나귀 알이라는 내 의견에 찬성하면 이 쪽으로, 이것이 당나귀 알이 아닐 수도 있다는 알록이의 의견에 찬성하면 알록이 쪽으로 가는 거다. 자, 그럼, 시작!

달록이, 콩이는 장끼 쪽으로 가고 까투리는 중간에서 망설인다.

콩이 : 엄마는 어느 쪽이야?

달록이 : 오빠 편이야?

까투리 : 남편의 편을 들어야 하나, 아들의 편을 들

어야 하나?

알록이 : 누구 편들지 말고 엄마 생각대로 결정하세요.

장끼 : 그래요. 당신 생각대로 해요.

까투리 : 몰라요. 나는 누구 편도 들지 않겠어요. 나는 아들과 아버지가 다른 의견을 가지고 있는 것이 싫어요. 왜들 그렇게 서로 고집을 부리죠? 좀 서로 양보할 수 없나요?

장끼 : 아버지가 아들한테 양보해? 어림도 없지.

알록이 : 저도 양보하지 않겠어요.

장끼 : 좋아. 그럼 삼 대 일로 내가 이겼다.

달록이 : 야아! (환호한다.)

장끼 : 이것으로 이 알은 당나귀 알로 결정함!

달록이, 콩이 떨쩍떨쩍 뛰며 박수친다.

까투리 : 알록아, 이젠 아빠 말씀에 따라라. 이건 당나귀 알이다.

알록이 : 네, 이건 당나귀 알이에요.

콩이 : 누나, 이제 이 알을 품고 있으면 이 속에서 당나귀가 나오지?

달록이 : 그럼. 당나귀 알로 결정했으니까 당나귀가 나오지.

끝나는 음악과 함께 불이 꺼지고 막이 내린다. 효과음으로 떵! 하는 풍선 터지는 소리가 난다.

콩이 : (큰 소리로) 당나귀 알이 터졌다!

달록이 : (역시 큰 소리로) 당나귀 알이 터졌다!

다시 막이 오르고 무대 불이 켜진다.

알록이 : 당나귀 어디 있어? (찾는다.)

콩이 : 당나귀 없어.

알록이 : 달아났니?

콩이 : 아니.

알록이 : 그럼 왜 당나귀가 없지?

달록이 : 당나귀 알이 아니었나 봐.

모두 : 당나귀 알이 아니었어?

장끼 : (무대를 이리저리 돌아다니며 당나귀를 찾는다.) 당나귀 알로 결정했는데…….

다시 끝나는 음악에 꿩들 춤추며 인사. 장끼는 계속 찾는다.

5 희곡 쓰는 연습

희곡이란 어떤 글이고, 또 어떻게 써야 하는지 알았다고 해서 희곡이 술술 쓰이는 것은 아닙니다. 한 편의 완성된 희곡을 쓰기 위해서는 나름대로의 연습이 필요합니다.

이제부터는 희곡을 쓰는 방법을 알아보기로 하겠습니다. 여러분도 직접 희곡을 써 보세요.

첫째, 대화글을 보통글로

우선 대화의 글을 보통글로 옮겨 보는 훈련을 통하여 희곡 쓰기 연습을 할 수 있습니다.

다음 대화글이 어떻게 보통글로 바뀌는지 읽어 보세요.

대화글 예문

끝녀 : (송일이에게 다그치듯) 바로 이 나무란 말이지? 바로 이 나무에 있는 까치집에서 아지랑이가 나왔단 말이지?

송일 : (화를 내며) 동구 밖에 미루나무 말고 또 다른 나무 있는 걸 봤니?

끝녀 : (따지듯) 그러니까 정말 보았냐구?

송일 : 비싼 밥 먹고 무슨 금싸라기 쏟아진다고 실없는 소릴 하니?

미수 : (다짐하듯) 설마, 너?

송일 : 도깨비에게 홀렸을까 봐?

5. 희곡 쓰는 연습

미수 : 혹시 알아?

송일 : (빈정대듯) 믿고 안 믿고는 너희들 자유야. (자신 있는 말투로) 하, 지, 만 (두 눈을 손가락으로 가리키며) 이 두 눈은 절대로 못 속여!

아이들 제각기 다른 표정으로 고개를 갸우뚱거린다.

미수 : (아무래도 못 믿겠다는 듯) 너, 일찌감치 자수하여 광명 찾는 게…….

송일 : 떳떳하지 않겠느냐고?

미수 : 저 까치집에 아지랑이가 있다니, 그건 말도 안 돼!

송일 : 정말이라니까! 아지랑이가 저 까치집에서 나왔단 말야. 그뿐인 줄 알아? 연한, 아주 연한 풀색들도 바로 이 기둥을 타고 내려왔어. 이 두 눈으로 똑똑하게 보았어. 너희들은 몰라! 얼마나 보드랍고 아름다웠는지…….

끝녀 : (웅변조로) 아, 믿어야 하느냐, 안 믿어야 하느냐…….

미수 : (재빨리 말을 받아서) 이것이 문제로다.

끝녀와 미수 : (허리를 잡으며) 하하하하, 호호호호…….

송일이 자기 말을 믿지 않는 친구들이 얄미워 까치집을 올려다 보며 두 손을 들어 크게 벌린다.

송일 : (외치며) 까치야! 까치야! 이 꺼벙이들이 내 말을 안 믿는다. 어떡하면 좋니? 너희 집에서 꿈이 만들어지는 것 맞지? 맞다고 말 좀 해 다오.

끝녀 : (야유 투로) 에, 에.

보통글 예문

끝녀는 송일이를 믿을 수 없다는 듯이 다그치며 다시 물었다.

"바로 이 나무란 말이지? 바로 이 나무에 있는 까치집에서 아지랑이가 나왔단 말이지?"

송일이는 자신을 믿지 않는 끝녀가 못마땅하여 버럭 화를 낸다.

"동구 밖에 미루나무 말고 또 다른 나무 있는 걸 보았니?"

끝녀가 다시 따지듯 묻는다.

"그러니까 정말 보았냐구?"

"비싼 밥 먹고 무슨 금싸라기가 쏟아진다고 실없는 소릴 하니?"

송일은 못 견디겠다는 듯이 버럭 화를 낸다. 옆에 있던 미수가 괜히 약을 올린다.

"설마, 너……."

"도깨비한테 홀렸을까 봐?"

송일은 어처구니가 없다는 듯 미수를 보며 빈정거린다.

"믿고 안 믿고는 너희들 자유야. 하, 지, 만."

송일은 힘주어 말하고는 잠시 입을 다물었다가 다시 덧붙인다.

"아지랑이가 저 까치집에서 나왔단 말야. 그뿐인 줄 알아? 연한, 아주 연한 풀색들도 바로 이 기둥을 타고 내려왔어. 이 두 눈으로 똑똑하게 보았어. 너희들은 몰라! 얼마나 보드랍고 아름다웠는지……."

자신의 눈까지 손가락으로 가리키며 송일은 끝녀와 미수를 이해시키려 애를 쓴다. 끝녀와 미수는 알 수 없다는 표정을 지으며 고개를 갸우뚱거렸다.

미수가 갑자기 웃으며 송일을 떠본다.

"너, 일찌감치 자수하여 광명 찾는 게……."

"떳떳하지 않느냐고?"

"그래. 까치집에서 아지랑이가 만들어진다니, 그건 말도 안 돼!"

끝녀는 미수와 송일의 대화에 끼어들며, 제법 웅변조

로 배우 흉내를 낸다.

"아, 믿어야 하느냐, 안 믿어야 하느냐……."

"이것이 문제로다!"

미수는 재빨리 끝녀의 말을 이어받으며 과장된 몸짓으로 나무를 올려다 본다.

끝녀와 미수의 커다란 웃음을 무시한 채 송일은 미루나무 가까이에 다가가 높게 자리잡은 까치집을 올려다 본다.

"까치야! 까치야! 이 꺼벙이들이 내 말을 안 듣는다. 어떡하면 좋니? 너희 집에서 꿈이 만들어지는 것 맞지? 맞다고 말 좀 해다오."

송일은 팔까지 벌리며 큰 소리로 소리를 질렀다. 끝녀와 미수는 에에, 하며 계속 야유를 퍼부었다.

둘째, 보통글을 대화글로

보통의 글을 대화의 글로 고쳐 보는 것도 좋은 훈련입니다.

보 통 글 예 문

며칠 후, 다른 비누 아가씨가 이사를 왔어요. 칫솔은 그 비누 아가씨를 보자 금방 한눈에 반했어요. 그러나 그 비누 아가씨는 몹시 새침데기였어요.

"흥, 누가 솔이 다 빠진 칫솔을 좋아해."

칫솔은 그 때서야 거울을 보았어요. 정말로 솔이 다 빠져서 초라한 모습이었어요.

"엉엉엉, 내 모습이 왜 이렇게 됐어요. 엉엉엉."

칫솔은 억울해서 큰 소리로 울었어요. 그러자 비누가 가만히 다가왔어요.

"울지 말아요. 내가 옆에 있잖아요. 내가 마지막 힘을 내어 당신 얼굴을 씻어 줄게요. 그러면 당신은 다시 멋있는 칫솔이 될지도 몰라요."

그 말을 듣고 칫솔은 자신의 행동을 몹시 후회했어요. 비누는 땅콩만큼 작아졌지만 마음씨는 여전히 아름다웠거든요.

대화글 예문

칫솔 : (꿈꾸는 음성으로) 아, 어떻게 저토록 아름다울 수 있을까. 역시 나는 운이 좋아. 저렇게 아름다운 비누 아가씨가 옆집으로 이사를 오다니. (슬그머니 그 곁으로 다가가며) 아가씨, 아름다운 비누 아가씨…….

비누 아가씨 : (새침하게) 흥, 별꼴이야. 솔도 다 빠진 칫솔을 누가 좋아한담. (홱 가 버린다.)

칫솔 : (잠깐 당황하다 거울을 들여다보고는) 엉엉엉, 내 모습이 왜 이렇게 됐어. 엉엉엉.

비누 : (가만히 다가와 다정하게) 울지 말아요. 내가

> 옆에 있잖아요. 내가 마지막 힘을 내어 당신 얼굴을 씻어 줄게요. 그러면 당신은 다시 멋있는 칫솔이 될지도 몰라요.
> 칫솔 : (눈물을 그치고 후회하는 표정으로) 미안해, 정말 미안해. 내가 당신을 미워하다니. 당신만큼 아름다운 마음씨는 세상에 다시 없는데…….
> 비누 : (감격해서) 그렇지 않아요.
>
> 칫솔과 비누는 서로 포옹한다. 서서히 조명이 꺼진다.

이렇게 연습을 했다면 이제 실제로 여러분의 희곡을 써 보세요. 조금 어려울 수도 있지만 직접 써 보고, 문제점을 파악해 보는 것이 가장 좋은 공부입니다.

6 희곡을 완성한 후에는 어떻게 할까요?

　　희곡은 연극으로 보여 주려는 것이 목적인 글이므로 마음 속으로 읽는 것보다 크게 소리 내어 읽어 보는 것이 좋습니다. 읽을 때, 그냥 교과서 읽듯 하지 말고 내용에 맞게 감정과 행동, 대사, 동작을 곁들이면 더욱 좋을 것입니다.

　　대사를 할 때는 인물의 성격에 맞는 말투와 행동을 해 봅니다. 그러면 좀더 내용을 파악하기 쉬울 것입니다. 말과 말 사이에 시간적 간격을 두고, 지금 내 눈앞에 많은 관객이 앉아 있다는 마음 자세로 자연스럽게 해 봅니다.

그렇게 직접 소리를 내고 행동으로 옮겨 보면서, 이야기 전개에 무리가 없는지 살펴보는 것도 중요합니다.

이제 희곡을 직접 활용하는 단계만 남았습니다. 무대에 올리기 전에 자신의 희곡 작품이 완벽한지 스스로 확인해 보고, 부족한 부분은 첨가하도록 합니다.

완성된 희곡 작품을 읽으면서 다음과 같은 질문을 스스로에게 해 보면서 부족한 점을 확인해 보세요.

- 희곡의 짜임과 특징이 무엇일까를 다시 생각해 봅니다.

- 이야기의 배경이 되는 때, 곳, 사람들의 성격이나 특징이 잘 표현되었는지 확인합니다.

- 무대에 대한 해설을 잘 파악하고 무대의 모습을 머릿속으로 그려봅니다.

- 대화글과 바탕글을 통하여 등장 인물의 성격, 행동을 파악하여 잘 나타나 있는지 생생하게 떠올려 봅니다.

- 발단에서 결말까지의 전개 과정이 무리 없이 이어졌는지 살펴봅니다.

- 지은이의 중심 생각을 과연 관객에게 자연스럽게 전달하고 있는지 생각해 봅니다.

- 감정이 최고조에 달했다가 극적인 효과와 함께 마음의 편안함을 되찾을 수 있는지 감정의 흐름을 느껴 봅니다.

다음 한 편의 희곡을 감상하면서 희곡의 특징, 주의해서 쓸 부분, 구성 단계 등을 확인해 보세요. 그리고 무대에 올릴 때 인물에 어울리는 친구와 무대 배경을 상상해 보세요.

예문

제목 : 눈먼 노파와 의사

때 : 옛날
곳 : 노파의 방
나오는 사람들 : 눈먼 노파
                 의사

무대 위에 노파의 방이 있다. 침대와 탁자, 장식장이 있는 방에는 도자기, 그림, 조각품, 은그릇, 보석 상자 등 값나가는 물건이 많다. 노파는 힘없이 자신의 침대 위에 누워 있다.

잠시 후, 의사가 문을 두드린다.

의사 : 계세요? 왕진 왔습니다.
노파 : (일어나서 엉거주춤 인사한다.) 어서 오세요.

의사 : (노파가 있는 침대 쪽에 가 앉으며, 가방에서 청진기를 꺼내 목에 건다.) 자, 편히 앉으세요. 눈을 검사해 보겠습니다.

노파 : (고개를 뒤로 젖히며) 그러시죠.

의사 : (눈을 들여다본 후) 어제보단 한결 좋아졌습니다. 약은 잘 잡수시고, 안약도 제때 넣으시죠?

노파 : 시키신 대로 하고 있어요.

의사 : 그러셔야죠. 제때 약 넣으시고 시간 맞춰 빠뜨리지 말고 약도 복용하셔야 합니다.

노파 : (한참 동안 말이 없다가) 가망은 있는가요?

의사 : (청진기를 벗어 가방에 챙겨 넣으며) 암요. 있고 말고요. 반드시 앞을 보실 테니 믿으셔야 해요.

(의사는 조용히 일어나 집안을 한 번 휘 둘러보고는 갔나가 보이는 도자기에 눈이 머물자 얼굴에 음흉한 미소를 흘리며 노파와 도자기를 번갈아 본다. 앞을 못 보니 훔쳐가도 모르겠

6. 희곡을 완성한 후에는 어떻게 할까요? · 111

지, 하는 표정으로 도자기 앞으로 다가간다.)

무대 어두워지고 잠시 후 다시 조명 켜진다. 무대 위에는 도자기가 사라진 노파의 방이 나타나고 노파는 창가 쪽에 서 있다.

노파 : (혼자 중얼거리듯) 올 시간이 됐는데 오늘은 왜 늦는담.

그때 문이 열리며 의사가 들어온다.

의사 : 좀 어떠세요? 오늘은 좀더 정밀 검사를 해 보십시다. 이 쪽으로 오셔서 침대에 누우세요.
노파 : (지시대로 따르며 침대에 바로 눕는다.) 더 효과적인 치료 방법은 없나요?
의사 : 아, 있지요. 그래서 이렇게 정밀 검사를 하는 게 아닙니까? 곧 앞을 보실 테니 걱정 거두

세요.

노파 : 제발, 어서 눈 좀 뜨고 싶어요.

의사 : (가방에서 의료 기구를 꺼내 이리저리 동공을 살펴본 후) 2~3일 후면 확실히 시력이 붙을 것이니 두고 보세요.

노파 : 제발……

의사 : 그대로 한숨 주무세요. 푹 주무시며 눈을 쉬게 하는 것도 한 치료 방법이니까요.

노파는 의사의 지시대로 침대에 눕고 의사는 어제처럼 주위를 두리번거린다. 이번에는 값나가 보이는 중세풍 조각품에 눈이 머문다. 그리고는 조각품을 자신의 가방에 넣고 품에 안는다.

노파 : 그럼 살펴 가세요. 저는 한숨 자겠습니다.

의사 : (건성으로) 아아 예예. 그러세요.

노파 : 그 쪽은 현관이 아닌데 거기서 뭘 하세요?

의사 : (흠칫 놀라 노파를 뒤돌아보며) 아아 예예,

그렇군요. 안녕히 계세요. 내일 보십시다.

의사는 쫓기듯 현관문을 열고 나간다.

다시 무대 어두워지고 이번에는 조각품, 그림, 보석 상자 등 소품이 사라진 노파의 방에 조금씩 조명이 비친다.

노파 : (의사가 들어오는 소리를 귀동냥하며) 오늘로 치료받은 지 보름째인데, 며칠이나 더 지나야 앞을 볼 수 있겠어요?

의사 : 글쎄요……. (말꼬리를 흘리며 노파에게 다가가) 자, 눈을 좀 보십시다. (그리곤 한참 뜸을 들인 후) 하, 기뻐하십시오. 내일쯤엔 빛을 보시겠는데요.

노파 : 그렇게 말한 지가 여러 날인데, 믿어도 되겠죠?

의사 : (눈으로 방 구석구석을 살피며) 암요, 암요. 절 믿으세요.

의사는 마지막 남은 장식품, 은그릇 앞으로 다가간다.

노파 : (간절한 목소리로) 그랬으면 오죽이나 좋겠누.
의사 : (은그릇을 들어 여기저기 살피며) 그나 저나 앞을 보시게 되면 치료비는 톡톡히 바로 주셔야 합니다.
노파 : (신경질적으로 소리치듯) 앞을 봐야 돈도 셈할 수 있는 게 아니오. 눈도 안 보이는데 치료비 타령은…….

노파의 신경질적인 말에 움찔하면서도 의사는 은그릇을 품에 넣는다.
다시 무대 어두워지고, 잠시 밝아진 무대 위에는 장식품이 하나도 남지 않은 노파의 방에 의사가 들어온다.

노파 : (들어서는 의사를 보자마자 기쁜 듯 소리친다.) 선생님, 앞이 보여요! 보여요! 고맙습니다. 아직 희미하지만 보여요.

의사 : (의기양양하게) 아, 내가 뭐랍디까? 곧 보실 수 있을 거라 안 했습니까? 오늘 마지막 치료만 하면 이제 완벽하게 보일 것입니다.

의사는 노파에게 다가가 눈을 살피고 치료를 한다.

의사 : 자. 이제 앞을 보실 수 있으니 치료비를 내셔야죠.

노파 : (잠시 주위를 살피다가 이내 화난 목소리로) 뭐라고, 치료비를 달라고? 흥. 어림없는 소리. 눈이 다 치료됐다고? 다 치료가 됐는데 어째서 전에는 보이던 귀중품들이 이제는 하나도 안 보이는 게야. 아이고, 눈이 더 나빠졌어. 전에는 잘 보이던 것들이 지금은 하나도 안 보여.

의사 : (당황해 하며) 그럴 리가요. 방금 전엔 보이신다고 하셨잖아요. 공연히 치료비 안 주시려고 그러시죠?

노파 : 뭣이야? 치료비를 안 주려고 그런다고?

의사 : (헛기침을 한 번 하고는, 작아진 목소리로) 아, 당장 없으시면 다음에······.

노파 : 이런 괘씸한! 아 어째서 전에는 다 보이던 것들이 이제는 안 보인단 말인가, 이 말이야.

의사 : (도망치듯 현관 쪽으로 걸어가며) 그것이 그것이······. 그, 그럼 전 이만 가 보겠습니다.

의사는 도망치듯 노파의 방에서 나오며 무대 점점 어두워진다. 경쾌한 음악이 흐른다.

> 예 문

제목 : 헨리 브래그의 헌 구두

때 : 1800년대
곳 : 영국의 윌리엄 왕립 학교
나오는 사람들 : 헨리 브래그
　　　　　　　　교감 선생님
　　　　　　　　아이들 1·2·3
　　　　　　　　아버지

교탁과 책상이 있는 무대 위에 한 아이가 앉아 있고 그 아이를 중심으로 아이들이 세 명 서 있다. 중심에 있는 한 아이는 누더기 옷에 지저분한 얼굴과 머리를 하고 있다. 특히 발보다 커 보이는 낡은 구두가 조명을 받고 있다.

이와 대조적으로 나머지 세 명의 아이들은 깔끔하고

고급스러운 옷을 입고 있다. 세 명의 아이들은 헌 구두를 신은 한 아이를 손가락질하며 깔깔거리면서 노래를 한다.

노래 : 헨리 브래그를 아니?

난 알지. 그럼, 넌?

어떻게 모를 수가 있을까.

대 윌리엄 왕립 학교의 명물,

하하하, 신발 도둑이라네.

브래그 : (벌떡 일어나며, 화난 목소리로) 아냐! 아냐! 아니라고 했잖아. 난 신발 도둑이 아니야. 이건 내 구두야! 내 구두라고!

아이 1 : (브래그의 어깨를 한 손으로 짚으며 비꼬는 목소리로) 이봐, 브래그. 명문학교를 다니는 학생답게 좀 솔직해질 수 없어? 훔친 게 아니라면 네가 이 구두를 직접 샀다는 얘긴데, 어떤 바보가 자신의 발보다 두 배는 큰 구두를 돈을 내고 사지?

아이 2 : (놀라는 척하며) 아니, 그럼, 브래그가 바보?

세 명의 아이들, 배를 움켜잡고 웃는다.

아이 3 : (무대 중앙으로 나오며) 잠깐! 브래그가 바보라는 건 웃고 넘어갈 말이 아니군.

아이 1 : 왜지?

아이 3 : (차렷자세를 하고 목소리에 힘을 주며) 대영제국의 명문 윌리엄 왕립 학교에 브래그 같은 바보가 있다는 것은 윌리엄 왕립 학교, 나아가 대영제국의 모독이잖아.

아이 2 : (고개를 저으며) 정말 그렇네. (브래그의 머리를 쥐어박으며) 야, 브래그. 어쩔 수 없다. 네가 대 윌리엄 왕립 학교를 떠나는 수밖에.

브래그 : 아냐! 난 도둑도 아니고 바보도 아니야! 이건 내 신발이고 난 윌리엄 왕립 학교의 떳떳

한 학생이야.

잔잔한 음악 흐르며 조명이 브래그에게만 맞추어진다.

브래그 : 아버지, 전 도둑도 바보도 아닌 정직한 소년이라는 걸 어떻게 증명해야 하죠? 아버지, 이렇게 계속 참아야 하나요? (무릎을 꿇고 흐느껴 운다.)

어두워졌다가 다시 밝아진 무대 위에는 교감실이 나타난다. 딱딱한 나무 책상 옆에 노년의 교감 선생님이 초조하게 서성거린다.
브래그가 노크를 하고 들어온다.

브래그 : (정중하게 인사하며) 선생님, 브래그입니다.
교감 선생님 : (화난 목소리를 억누르며) 브래그 학생, 왔군. 그런데 내가 왜 자네를 불렀는지는 알고 온 건가?

브래그 : 짐작은 갑니다.

교감 선생님 : (화난 목소리로) 짐작만 하면 무슨 소용이야? 반성을 해야지, 반성을! 브래그, 잘못을 시인하고 반성하고 있기는 하는 건가?

브래그 : (침착한 목소리를 유지하며) 교감 선생님, 선생님께서 요즘 학내에 떠도는 소문 때문에 저에게 화가 나신 걸 저도 잘 알고 있습니다. 하지만 교감 선생님, 전 맹세코 도둑질한 적이 없습니다.

교감 선생님 : (더욱 화를 내며) 아니 그럼, 그 많은 학생들과 교사들이 하는 말은 어디서 나온 건가? 그리고 학생의 신발은 돈을 내고 샀다고 하기엔 지나치게 크지 않나? 용서를 빌고 반성을 해도 모자라는 판에 변명을 늘어놓다니!

브레그: (주머니에서 꼬깃꼬깃 때가 묻은 편지를 꺼내 내밀며) 교감 선생님 이거…….

교감 선생님: (거칠게 받으며) 이게 뭐야? (하면서 편지를 펼친다.)

교감 선생님은 편지를 잠깐 읽고 당황하지만 계속 편지를 읽어나간다. 교감 선생님에게만 조명이 맞추어지며 무대 뒤쪽에서 브래그 아버지가 편지를 읽어나간다.

브래그 아버지의 목소리 : 브래그야, 잘 있었느냐? 어려운 가정 살림에도 꿋꿋이 공부해 나가는 널 생각하면 아버지는 오늘 하루도 마냥 기쁠 뿐이란다. 남들처럼 뒷바라지도 해주지 못해 미안할 따름이다. 특히 헌 구두 때문에 오해를 받고 있다니 안타깝기 그지없구나. 하지만 이제 1~2년만 더 지나면 아버지의 그 헌구두는 네 발에 꼭 맞을 것이다. 다른 아이들처럼 좋은 옷, 좋은 신발을 신기고 싶은 마음은 굴뚝 같다만 가난한 형편이 그걸 용납하지 않는구나. 브래그야, 네가 이런 어려운 환경에서도 용기를 잃지 않고 열심히 노력하고 있는 모습이 이 아버지는 너무도 자랑스럽단다. 그리고 먼훗날 우리 아들은 분명히 훌륭한 사람이 될 것이라고 믿는다. 왜냐하면 지금의 어려운 환경이 너에게 좋은 약이 될 것이라고 믿기 때문이란다.

교감 선생님의 표정이 어느 새 밝아진다. 브래그 옆에 다가가 브래그의 두 손을 꼭 잡아 준다.

교감 선생님 : 브래그야, 미안하구나.
브래그 : (말없이 눈물을 뚝뚝 흘린다.)
교감 선생님 : (어깨를 토닥거려 주며) 괜찮다. 앞으로 네가 성공하면 네 아버지 말씀대로 기쁨이 더욱 커질 것이다. 정말 미안하구나.

브래그는 교감 선생님 품에 안겨 감격의 눈물을 흘린다. 잔잔한 음악 흐르고 무대는 점점 어두워진다. 막이 내린다.

【에필로그】

책을 왜 읽어야 할까요?

손에서 핸드폰을 놓지 못하는 요즘 아이들이 책을 읽어야 할 이유는 분명하다. 영상이 넘치는 시대에 왜 글읽기를 해야 하느냐고 묻는다면, 이 진부한 질문의 시작이 참신함의 역행이 필요한 요즘이다. 정보의 양이 쏟아지는 디지털 시대에 정보 양을 많이 습득할수록 어느 정도의 지식수준과 문해력을 갖췄다는 착각의 상태에 빠진다. 그러나 정보를 얻는 것과 독서를 하는 행위는 전혀 별개의 차원이다. 독서는 텍스트의 뜻을 헤아리고 행간행간 마다 연결되는 의미를 풀어가는 고차원의 인지행위다. 나의 관점에서 생각하고 의미를 재구성하는, 매우 적극적이고 미래지향적인 인지활동인 것이다. 오늘날 중요한 이슈로 부각되는 가짜뉴스, 사회적 문제, 가상과 현재가 뒤섞이는 현실에서 독서는 가치판단이나 사실과 허위를 구분하는 당위성이 만들어진다는 것에 매우 중요한 도구다. 다양한 디지털 매체의 증가로 오히려 집중력이 떨어진다. 주의를 빼앗기면 집중력이 떨어지고 한 곳에 몰입하는 현상이 나타난다. 이런 집중하지 못하여 사고의 깊이가 소멸되는 현상이 발생할 가능성이 크다. 인간이 인공지능이나 기술문명에만 의존하면 지식의 노예가 될 수 있듯이 말이다. 영상 길이가 1분이 넘지 않는 댄스 챌린지 영상을 보고 있으면, 시간이 가는 줄 모르고 손에서 핸드폰을 놓지 못한다. 1.5배나 2배속으로 빨리 돌려보는 동영상은 어떨까. 그럴수록 우리의 집중력은 퇴화되는 게 아닌가 싶다. 갈수록 집중력은 떨어지고 정보의 습득은 가벼운 정보전달에 불과하여 깊이 읽는 사고의 문맹률은 계속 늘어날 것이다. 슬픈 현실에서 우리가 알아야 할 것은 집중력을 되찾는 것이다. 방법은 한 가지다. 책을 읽는 것이다. 독서가 가진 긍정적이고 실용가능성의 효용성은 빌게이츠, 스티브잡스, 일론머스크, 워런 버핏 등 성공한 인물들의 예로 알 수 있다. 독서의 지속 가능성은 항상 열려 있었다. 움베르트 에코는 "책 읽지 않는 사람은 단지 자신의 삶만 살아가고 또 앞으로 그럴 테지만, 책 읽는 사람은 아주 많은 삶을 살 수 있다"라고 했다. 인지 신경학자인 메리언 울프에 따르면 인간은 '읽는 유전자'를 가지고 있지 않았다고 한다. 선천적으로 타고난 것이 아니라 후천적으로 꾸준히 훈련하여 습관을 만들어 읽는 능력을 키워 나가야 한다. 읽어야 성장할 수 있고 지속 가능하게 나아갈 수 있다. 읽는 사람은 읽지 않는 사람에 비해 뇌의 가소성은 증가한다. 깊이 오래 읽을 때 뇌 가소성은 더욱 발달한다. 메리언 울프는 뛰어난 독서가의 뇌는 문서의 빠른 해석을 가능하게 하는 특정 부분이 발달한다고 말했다. 특정 부분이란 오래되고 지속적인 깊은 독서로 나아가는 행위다. 그 행위가 독서의 중요한 역할이다. 책을 읽으면 뇌가 활성화되면서 처음에는 책을 읽는 것이 어렵지만 우리 뇌는 습관화되면 독서도 쉽게 읽는 방향을 그린다. 뇌의 가소성(可塑性, neural plasticity) 덕분에 뇌는 자주 경험하는 일을 신경 회로를 변형시켜 더 쉽고 빠르게 처리해 낸다. 이를 통해 책을 읽는 행위가 자연스럽게 다가온다.

책 읽는 뇌를 만들어가는 것은 지속가능한 독서의 시작이다. 전략적인 독서로 이어가다 보면 자연스러운 독서습관이 만들어지고 나아가 독서는 일상이 된다. 일상의 독서는 후천적인 노력, 즉 습관과 마음가짐이다. 좋은 독서환경을 만들어가는 것도 독서의 지속가능성이다. 필요 이상으로 우리의 책 읽기는 디지털 시대에 절실하게 요구되는 생존 도구임에 틀림없다. 디지털 시대에 스스로 자각하고 통찰하는 사람만이 살아남을 것이다. 독서가 인류의 생존 조건으로 다시 주목받고 있는 이유다.

▣ 저자 김종윤 약력

전라북도 남원시 대산면에서 태어나 한국외국어대학교 법학과를 졸업하였다.
1993년 월간『시와 비평』으로 등단하여
장편소설『어머니는 누구일까』,『아버지는 누구일까』,
『날마다 이혼을 꿈꾸는 여자』,『어머니의 일생』등이 있으며,
옵니버스식 창작동화『가족동화 10편, 가족이란 누구일까요?』가 있다.
그리고『문장작법과 토론의 기술』,『어린이 문장강화(전13권)』이 있다.

나의 첫 질문 **국어공부 어떻게 해야 할까요?**
제6권 : 어린이 문장강화 **희곡(동극)** 편

초판 1쇄 인쇄일 : 2025년 6월 30일
초판 1쇄 발행일 : 2025년 7월 4일

지은이 : 김종윤
발행인 : 김종윤
펴낸곳 : 주식회사 **자유지성사**
등록번호 : 제 2-1173호
등록일자 : 1991년 5월 18일

서울특별시 송파구 위례성대로 8길 58, 202호
전화 : 02) 333- 9535 / 팩스 : 02) 6280- 9535
E-mail : fibook@naver.com
ISBN : 978 - 89 - 7997 - 446 - 1 (73800)

이 책은 저작권법에 따라 보호받는 저작물이므로 무단전재와 복제를 금합니다.